BAUDRY, LIBRAIRIE EUROPÉENNE,

3, QUAI MALAQUAIS, AU PREMIER ÉTAGE, A PARIS.

LIVRES POUR L'ÉTUDE DE L'ANGLAIS.

LE NOUVEAU SIRET. Methode pratique pour apprendre facilement l'anglais, ou Grammaire anglaise de Siret, corrigee, amelioree et augmentee, par Witcomb. Paris, 1846, 1 vol. in-12, cartonne. 2 fr. 25 c.

SIRET Grammaire anglaise, avec les notes de Poppleton et Boniface, et les observations de MM. Maccarthy, Jones, Stone, Delalande-Hadley, Nimmo et Tibbins. *Paris*, 1847, 1 vol. in-8, au lieu de 2 fr. 50 c., 1 fr. 50 c.

— Nouveau Cours de Thèmes anglais, ou Exercices sur les différentes règles de la Grammaire, en trois parties, par Witcomb : ouvrage compose dans le but de faciliter l'application des regles indiquees dans toutes les grammaires anglaises, adapté surtout à la méthode de Siret. *Paris*, 1843, 1 vol. in 12, broche, 2 fr. 25 c.

GIDOLPH. Grammaire, ou Traite complet de la langue anglaise, théorique et pratique, avec un *Cours de Thèmes* et un *Dictionnaire Français-Anglais* des mots qui y sont contenus. 4e edition, 1844, 1 gros volume in-8, broche, 4 fr. 50 cent.

— The Key, ou Traduction et corrige des Thèmes de la Grammaire. 4e edition, in-8, broche, 1 fr. 50 c.

VERGANI. Grammaire anglaise simplifiée et réduite à vingt et une leçons, revue, corrigee et abondamment enrichie de notes, par Sadler. Paris, 1847, 1 vol. in-12, br.; au lieu de 2 fr. 50 c., 1 fr. 50 c.

TIBBINS. Premier Livre d'Anglais, à l'usage des Français qui commencent l'étude de cette langue, en quarante-six leçons, par la methode interlineaire, 4e edition. Paris, 1844, 1 vol. grand in-18; au lieu de 3 fr., 2 fr. 25 c.

BONIFACE. Cours de Versions anglaises, à l'usage des commençants. 1845, 1 vol. in-18, br., 2 fr.

— Petit Manuel de la prononciation anglaise, 1838, in-18, 75 c.

THE BEAUTIES OF CLASSICAL ENGLISH POETRY, by Boniface and Stone. 1839, 1 vol. in-18, br. 2 fr.

MACCARTHY. Nouvelle Methode pour apprendre l'Anglais sans le secours d'un maître, ou Nouveau Cours de Langue anglaise, contenant Rasselas du docteur Johnson, et le Village abandonne de Goldsmith, avec deux traductions, l'une interlineaire et l'autre suivant le genie de la langue française, destine aux personnes qui veulent se diriger elles-mêmes dans l'etude de l'anglais 4e édition. Paris, 1844, 2 tomes en 1 gros vol. in-12 de 780 pages, au lieu de 7 fr. 50 c., 3 fr. 50 c.

BELLENGER. Nouvelles Conversations françaises et anglaises, contenant de nouveaux Dialogues sur les sujets les plus en usage. 33e édition, 1847, 1 vol. in-18; au lieu de 2 fr 25 c., 1 fr. 50 c.

MABIRE. Guide de la Conversation, en anglais et en français. 1838, 1 vol. oblong. br. 3 fr.

NUGENT. Nouveau Dictionnaire de poche, français-anglais et anglais-français, contenant tous les mots generalement en usage et autorises par les meilleurs auteurs. 35e edition revue par Ouiseau. 1844, 2 tomes en 1 vol. in-18, 3 fr. 50 c.

Collection uniforme, grand in-8°
DES DICTIONNAIRES
DES PRINCIPALES LANGUES EUROPÉENNES

DICTIONNAIRE GÉNÉRAL
ANGLAIS-FRANÇAIS ET FRANÇAIS-ANGLAIS

Nouvellement rédigé d'après Johnson, Webster et Richardson, etc., les Dictionnaires de l'Académie, de Laveaux, de Boiste, etc., et les ouvrages spéciaux de l'une et de l'autre langue, contenant un grand nombre de mots qui ne se trouvent pas dans les Dictionnaires, par A. SPIERS, 2 vol. grand in-8, à 3 colonnes. *Chaque volume*, 7 fr. 50 c. Ouvrage adopté par l'Université.

DICTIONNAIRE GÉNÉRAL
ITALIEN-FRANÇAIS ET FRANÇAIS-ITALIEN
A L'USAGE DES DEUX NATIONS, PAR BUTTURA.

Nouvelle édition entièrement refondue et corrigée d'après les dernières éditions du grand Dictionnaire de l'Académie della Crusca, d'Alberti, le *Vocabolario universale*, publié tout récemment à Naples, par Tramater, etc., et la dernière édition du Dictionnaire de l'Académie française et de son Complément, et des Dictionnaires de Laveaux, Boiste et autres. Plus complet que tous les autres Dictionnaires publiés jusqu'a ce jour, par A. RENZI. 2 tomes en 1 gros volume grand in-8, de 1000 a 1200 pages a 3 colonnes. Paraîtra prochainement.

DICTIONNAIRE GÉNÉRAL
ESPAGNOL-FRANÇAIS ET FRANÇAIS-ESPAGNOL

Nouvellement rédigé d'après les dernières éditions des Dictionnaires de l'Académie espagnole et de l'Académie française, les meilleurs lexicographes et les ouvrages spéciaux de l'une et de l'autre langue, par Don PABLO DE VALDEMOROS Y ALVAREZ. 2 tomes en 1 gros volume grand in-8 de 1000 à 1200 pages à 3 colonnes, caractère neuf et fondu exprès.

NOUVEAU DICTIONNAIRE
PORTUGAIS-FRANÇAIS ET FRANÇAIS-PORTUGAIS

Composé sur les plus récents et les meilleurs Dictionnaires des deux langues, par FONSECA et ROQUETE, 1845, 2 gros vol. in-8, br. 15 fr.

NOUVEAUX GUIDES
DE CONVERSATIONS MODERNES
FRANÇAISES, ANGLAISES, ALLEMANDES, ITALIENNES, ESPAGNOLES ET PORTUGAISES,
OU DIALOGUES USUELS ET FAMILIERS
Convenables aux voyageurs et aux personnes de l'un et de l'autre sexe qui se livrent à l'étude de ces langues.
DEUX LANGUES RÉUNIES EN FACE L'UNE DE L'AUTRE,
en un joli volume petit in-24, cartonné,
PRIX : 1 FR. 50 C. SAVOIR :

FRANÇAIS ET ANGLAIS.	FRANÇAIS ET ESPAGNOL.
FRANÇAIS ET ITALIEN.	FRANÇAIS ET PORTUGAIS.
FRANÇAIS ET ALLEMAND.	ESPAGNOL ET ANGLAIS.

QUATRE LANGUES RÉUNIES, SAVOIR :
FRANÇAIS, ANGLAIS, ALLEMAND ET ITALIEN, en 1 vol. petit in-24, cartonné, 2 fr. 25 c.
FRANÇAIS, ITALIEN, ESPAGNOL ET PORTUGAIS, 1 vol. petit in-24, cartonné, 2 fr. 25 c.
OU LES SIX LANGUES RÉUNIES, SAVOIR :
FRANÇAIS, ANGLAIS, ALLEMAND, ITALIEN, ESPAGNOL ET PORTUGAIS
1 vol in-16, papier vélin, 3 fr.
PRONONCIATION FIGURÉE :
CES MÊMES CONVERSATIONS en Français et en Anglais avec la prononciation figurée de l'anglais, à l'usage des Français. 1 vol. cart 2 fr 25 cent.
The same in English and French with the figured pronunciation of the French words for the use of the English. 1 vol. in boards. 2 fr. 25 cent.

NOUVEAU DICTIONNAIRE
ANGLAIS-FRANÇAIS ET FRANÇAIS-ANGLAIS
ABRÉGÉ DE BOYER,
Avec la prononciation figurée de l'anglais à l'usage des Français, et du français à l'usage des Anglais, d'après Walker, Smart, Meadows, etc.
35ᵉ ÉDITION, ENTIÈREMENT REFONDUE ET MISE AU NIVEAU DES CONNAISSANCES ACTUELLES, CONTENANT DANS UN MÊME ORDRE ALPHABÉTIQUE GÉNÉRAL, ET SANS VOCABULAIRES SÉPARÉS,

1° Tous les mots en usage dans l'une et l'autre langue, — 2° Les noms mythologiques et géographiques, et les noms propres qui different dans les deux langues, — 3° La nomenclature des principaux termes de marine, de sciences et d'arts, de commerce, de machines à vapeur et de chemins de fer, — 4° Tous les mots du dialecte écossais nécessaires pour l'intelligence de Walter Scott, Burns et autres auteurs,

PAR MM. E. THUNOT ET C. E. CLIFTON.
2 tomes en 1 vol in-8 de 900 pages, caractère neuf et fondu exprès.
Prix: 7 fr. 50 c., ou solidement relié, 9 fr.

DICTIONNAIRES DIAMANTS,

CONTENANT LE FRANÇAIS, L'ANGLAIS, L'ITALIEN, L'ALLEMAND ET L'ESPAGNOL,
avec chacun sa contre-partie.

4 VOL. IN-32, PAPIER VELIN, BROCHÉS, AU LIEU DE 22 FR., 12 FR.,
OU RELIÉS, 16 FR., AU LIEU DE 26 FR.

Chaque Dictionnaire se vend séparément.

DICTIONNAIRE ANGLAIS-FRANÇAIS ET FRANÇAIS-ANGLAIS, contenant tous les mots adoptés dans les deux langues, par TIBBINS. *Paris,* 1846, 2 tomes en 1 vol. in-32, pap. vel.; au lieu de 5 fr., 3 fr.

DICTIONNAIRE ITALIEN-FRANÇAIS ET FRANÇAIS-ITALIEN, contenant plus de 10,000 mots omis dans les autres dictionnaires portatifs, par BARBERI, revu et augmenté d'explications grammaticales par RONNA. *Paris,* 1846, 2 tomes en 1 volume in-32, papier velin, au lieu de 6 fr., 3 fr.

DICTIONNAIRE ALLEMAND-FRANÇAIS ET FRANÇAIS-ALLEMAND, composé sur les meilleurs dictionnaires publiés dans les deux langues, et plus particulièrement sur ceux de Mozin et de Thibaut, par J. VENEDEY, *Paris,* 1846, 2 tomes en 1 volume in-32: au lieu de 5 fr., 3 fr.

DICTIONNAIRE ESPAGNOL-FRANÇAIS ET FRANÇAIS-ESPAGNOL, d'après les dictionnaires de l'Académie espagnole, de l'Académie française, de Laveaux, Boiste et autres, par D. G. TRAPANI. *Paris,* 1843, 2 tomes en 1 vol. in-32, au lieu de 6 fr., 3 fr.

THIEME'S POCKET DICTIONARY OF THE ENGLISH AND GERMAN LANGUAGES. (*Dictionnaire anglais et allemand.*) 1844, 2 tomes en un volume in-32 (*même format que les Dictionnaires ci-dessus*). 3 fr. 50 c., ou relié, 4 fr. 50 c.

TÉLÉMAQUE POLYGLOTTE,

CONTENANT LES SIX LANGUES EUROPÉENNES LES PLUS USITÉES : LE FRANÇAIS,
L'ANGLAIS, L'ALLEMAND, L'ITALIEN, L'ESPAGNOL ET LE PORTUGAIS.

Un beau vol. in-4°, pap. vel., joli cartonnage, dos de percaline anglaise, 20 fr.

ON PEUT SE PROCURER UNE SEULE LANGUE OU DEUX RÉUNIES, SAVOIR :

En anglais, 1 vol. in-12. 3 fr. 50 c.	En espagnol, 1 vol. in-12. 3 fr. 50 c.	En portugais, 1 vol. in-12. 4 fr.
En italien, 1 vol. in-12. 3 fr. 50 c.	En allemand, 1 vol. in-12. 4 fr.	En français, 1 vol in-12. 2 fr. 50 c.

Deux des langues ci-dessus en face l'une de l'autre forment 2 vol. in-12, savoir:

Anglais et français. 6 fr.	Allemand et français. 7 fr. 50 c.	Anglais et espagnol. 7 fr. 50 c.
Italien et français. 7 fr. 50 c.	Portugais et français. 7 fr. 50 c.	Anglais et allemand. 7 fr. 50 c.
Espagnol et français. 7 fr. 50 c.	Anglais et italien. 7 fr. 50 c.	Anglais et portugais. 7 fr. 50 c.

DE L'IMPRIMERIE DE CRAPELET, RUE DE VAUGIRARD, 9.

NOUVEAU GUIDE

DE

CONVERSATIONS MODERNES

—

NEW GUIDE

TO

MODERN CONVERSATION

DE L'IMPRIMERIE DE CRAPELET, RUE DE VAUGIRARD, 9

NOUVEAU GUIDE

DE

CONVERSATIONS MODERNES

EN FRANÇAIS ET EN ANGLAIS

OU

DIALOGUES USUELS ET FAMILIERS

A L'USAGE
DES VOYAGEURS DES DEUX NATIONS OU DES PERSONNES QUI SE LIVRENT A L'ÉTUDE
DE L'UNE OU DE L'AUTRE LANGUE

PAR BELLENGER

NOUVELLE ÉDITION
AVEC LA PRONONCIATION FIGURÉE

PARIS
BAUDRY, LIBRAIRIE EUROPÉENNE
3, QUAI MALAQUAIS, AU PREMIER ÉTAGE
PRES LE PONT DES ARTS

1847

NEW GUIDE
TO
MODERN CONVERSATION
IN FRENCH AND ENGLISH
OR
DIALOGUES ON ORDINARY AND FAMILIAR SUBJECTS

FOR THE USE

OF TRAVELLERS AND STUDENTS OF EITHER NATION

BY BELLENGER

NEW EDITION
WITH THE FIGURED PRONUNCIATION

PARIS
BAUDRY'S EUROPEAN LIBRARY
3, QUAI MALAQUAIS, ON THE FIRST FLOOR
NEAR THE PONT DES ARTS

1847

MANIÈRE DE SE SERVIR DE LA PRONONCIATION FIGURÉE.

Afin de tirer le meilleur parti possible de la prononciation figurée, on doit faire attention aux règles suivantes :

1° Toutes les voyelles longues, indiquées par l'accent circonflexe ou aigu, se prononcent plus longues qu'en français lorsqu'elles sont suivies d'une consonne dans la même syllabe. La voyelle *â* se prononce comme l'*o* dans le mot *or*, en la prolongeant un peu.

2° Les voyelles brèves qui se trouvent dans une syllabe suivie d'un accent (′) se prononcent plus brèves qu'en français, et la consonne finale est plus fortement articulée. Dans les syllabes non accentuées les voyelles brèves se prononcent très-doucement.

3° Toutes les consonnes se prononcent.

4° *g* a toujours le son dur comme dans le mot *gant*; devant les voyelles *i*, *e*, le *g* est toujours italique, pour rappeler au lecteur qu'il ne faut pas lui donner le son doux.

5° *th*, en italique, représente le son dur de cette consonne. Pour la produire il faut presser la langue contre les dents supérieures, et en même temps siffler comme si on voulait prononcer la lettre *s*.

6° *th*, représente le son doux; on le produit en avançant la langue contre les dents supérieures pendant que l'on cherche à prononcer la lettre *z*.

7° L'*r* finale se prononce très-doucement, sans faire vibrer le bout de la langue.

8° Le son représenté par la combinaison *ng* se produit en plaçant la langue dans la position nécessaire pour prononcer la consonne *g*, et en même temps faisant passer la voix par le nez.

CONVERSATIONS MODERNES.
MODERN CONVERSATIONS.

VOCABULAIRE.	VOCABULARY.	VOCAB'IOULEURI.
Donnez-moi	Give me	giv mi
m. Du pain.	Some bread.	seum bred.
f. De la viande.	Some meat.	seum mît.
m. Du vin.	Some wine.	seum ouaïn.
f. De la bière.	Some beer.	seum bîr.
m. Du fruit.	Some fruit.	seum frout.
f. Des pommes	Some apples.	seum ap'p'lz.
f. Une poire.	A pear.	é pèr.
f. Une pêche.	A peach.	é pîtch.
f. Des cerises.	Some cherries.	seum tcher'riz.
f. Des prunes.	Some plums.	seum pleumz.
m. Du raisin.	Some grapes.	seum gréps.
f. Des amandes.	Some almonds.	seum a'meundz.
f. Des framboises.	Some raspberries.	seum raz'berriz.
f. Des mûres.	Some mulberries.	seum meul'berriz.
f. Une orange.	An orange.	an or'indj.
f. Des fraises.	Some strawberries.	seum strâ'berriz.
m. Un abricot.	An apricot.	an épricot.
f. Une figue.	A fig.	é fig.
f. Des noix.	Some walnuts.	seum ouâ'neuts.
f. Des noisettes.	Some nuts.	seum neuts.
f. Des groseilles.	Some currants.	seum keur'eunts.
f. Des groseilles à maquereau.	Some gooseberries.	seum gouz'berriz.
f. Une châtaigne.	A chestnut.	é tches'neut.
m. Un citron.	A lemon.	é lem'eun.
f. Des nêfles.	Some medlars.	seum med'leurz.

m. Du bœuf.	Some beef.	seum bîf.
m. Du mouton.	Some mutton.	seum meut't'n.
m. Du veau.	Some veal.	seum vîl.
m. Du jambon.	Some ham.	seum ham.
m. Du rôti.	Some roast meat.	seum rôst mît.
m. Du bouilli.	Some boiled beef.	seum boïld bîf.

Le verbe AVOIR conjugué avec les noms ci-dessus.	The verb TO HAVE conjugated with the above nouns.	Thi veurb Tou Hav condjiougéted ouith thi abeuv' naounz.
J'ai du pain.	I have some bread.	aï hav seum bred.
Tu as de la viande.	Thou hast some meat.	thaou hast seum mît.
Il a du vin.	He has some wine.	hi haz seum ouaïn.
Nous avons de la bière.	We have some beer.	oui hav seum bîr.
Vous avez du fruit.	You have some fruit.	you hav seum frout.
Ils ont des pommes.	They have some apples.	thé hav seum ap'p'lz.
J'avais une poire.	I had a pear.	aï had é païr.
Tu avais une pêche.	Thou hadst a peach.	thaou hadst e pîtch.
Il avait des cerises.	He had some cherries.	he had seum tcher'rız.
Nous avions des prunes.	We had some plums.	oui had seum pleum'z.
Vous aviez du raisin.	You had some grapes.	you had seum grépce.
Ils avaient des amandes.	They had some almonds.	thé had seum a'meundz.
J'eus des framboises.	I had some raspberries.	aï had seum raz'berriz.
Tu eus des mûres.	Thou hadst some mulberries.	thaou hadst seum meul'berriz.
Elle eut une orange.	She had an orange.	chi had an or'indj.
Nous eûmes des fraises.	We had some strawberries.	oui had seum strá'berriz.
Vous eûtes un abricot.	You had an apricot.	you had an épricot.
Ils eurent des figues.	They had some figs.	thé had seum figz.

J'aurai des noix.	I shall have some walnuts.	aï chal hav seum ouâ'neuts.
Tu auras des noisettes.	Thou wilt have some nuts.	thaou ouilt hav seum neuts.
Mon frère aura des groseilles.	My brother will have some currants.	maï breuth'eur ouil hav seum keur'eunts.
Nous aurons des châtaignes.	We shall have some chestnuts.	oui chal hav seum tches'neuts.
Vous aurez un citron.	You will have a lemon.	you ouil hav é lem'eun.
Mes sœurs auront des nêfles.	My sisters will have some medlars.	maï sis'teurz ouil hav seum med'leurz.
J'aurais du bœuf.	I should have some beef.	aï choud hav seum bîf.
Tu aurais du mouton.	Thou wouldst have some mutton.	thaou ououdst hav seum meut't'n.
Mon ami aurait du veau.	My friend would have some veal.	maï freind ououd hav seum vil.
Nous aurions du jambon.	We would have some ham.	oui ououd have seum ham.
Vous auriez du rôti.	You would have some roast meat.	you ououd hav seum rôst mît.
Ils auraient du bouilli.	They would have some boiled beef.	thé ououd hav seum boïld bîf.

VOCABULAIRE.	VOCABULARY.	VOCAB'IOULEURI.
Apportez-moi	Bring me	bring mi
m. Du pâté.	Some meat pie.	seum mît paï.
m. Du beurre.	Some butter.	seum beul'teur.
m. Du fromage.	Some cheese.	seum tchîz.
m. Des œufs.	Some eggs.	seum egz.
m. Du lait.	Some milk.	seum milk.
m. Du café.	Some coffee.	seum cof'fi.
m. Du thé.	Some tea.	seum tî.
f. De la crème.	Some cream.	seum crîm.
m. Un gâteau.	A cake.	e kek.
f. De la salade.	Some salad.	seum sal'ad.
m. Du sel.	Some salt.	seum solt.
m. Du poivre.	Some pepper.	seum pep'peur.

m. Du vinaigre.	Some vinegar.	seum vin'ıgeur.
f. De l'huile.	Some oil.	seum oïl.
f. De la moutarde.	Some mustard.	seum meus'teurd.
m. Du sucre.	Some sugar.	seum choug'eur.
f. Des épices.	Some spices.	seum spaiciz.
Qu'il ait du pâté.	Let him have some meat pie.	let him hav seum mit pai.
Ayons du beurre.	Let us have some butter.	let us hav seum but'teur.
Ayez du fromage.	Have some cheese.	hav seum tchiz.
Qu'ils aient des œufs.	Let them have some eggs.	let them hav seum egz.
Que les enfants aient du lait.	Let the children have some milk.	let thi tchil'dren hav seum milk.
Que j'aie du café.	That I may have coffee.	that aï mé hav cof'fi.
Que tu aies du thé.	That thou mayest have tea.	that thaou mést hav tí.
Que son cousin ait de la crème.	That his cousin may have some cream.	that hiz keuz'n mé hav seum crim.
Que nous ayons un gâteau.	That we may have a cake.	that oui mé hav é kék.
Que vous ayez de la salade.	That you may have some salad.	that you mé hav seum sal'ad.
Qu'ils aient du sel.	That they may have some salt.	that thé mé hav seum solt.
Que j'eusse du poivre.	That I might have some pepper.	that aï mait hav seum pep'peur.
Que tu eusses du vinaigre.	That thou mightest have some vinegar.	that thaou maït'est hav seum vin'ıgeur.
Qu'il eût de l'huile.	That he might have some oil.	that he mait hav seum oil.
Que nous eussions de la moutarde.	That we might have some mustard.	that oui maït hav seum meus'teurd.
Que vous eussiez du sucre.	That you might have some sugar.	that you mait hav seum choug'eur.
Qu'ils eussent des épices.	That they might have spices.	that thé mait hav spaiciz.

VOCABULAIRE.	VOCABULARY.	VOCAB'IOULEURI.
m. Un couteau.	A knife.	é naïf.
f. Une fourchette.	A fork.	é fork.
f. Une cuiller.	A spoon.	é spoun.
m. Un verre.	A glass.	é glass.
f. Une serviette.	A napkin.	é nap'kin.
f. Une nappe.	A table-cloth.	é té'b'l cloth.
f. Une assiette.	A plate.	é plét.
m. Un plat.	A dish.	é diche.
m. Un bol.	A basin.	é bés'n.
f. Une bouteille.	A bottle.	é bot't'l.
m. De l'or.	Some gold.	seum gôld.
m. De l'argent.	Some silver.	seum sil'veur.
m. Du fer.	Some iron.	seum aieurn.
m. De l'acier.	Some steel.	seum stil.
m. Du cuivre.	Some copper.	seum cop'peur.
m. Du cuivre jaune.	Some brass.	seum brass.
m. Du plomb.	Some lead.	seum led.
m. De l'étain.	Some pewter.	seum piou'teur
m. Du fer-blanc.	Tin.	tin.
m. Du papier.	Paper.	pépeur.
f. Des plumes.	Some pens.	seum penz.
m. Un canif.	A penknife.	é pen'naïf.
m. Un livre.	A book.	é bouc.
f. De l'encre.	Some ink.	seum ingk.
f. Une maison.	A house.	é haouce.
f. Une chambre.	A room.	é roum.
m. Un château.	A castle, a **villa, a seat.**	é cas's'l, é vil'la, é sît.
m. Un jardin.	A garden.	é gar'd'n.
f. Une muraille.	A wall.	é ouâl.
f. Des fleurs.	Some flowers.	seum flaou'eurz.
m. Des arbres.	Some trees.	seum triz.

Le verbe AVOIR conjugué avec interrogation.	The verb TO HAVE conjugated interrogatively.	Thiveurb Tou Hav con'-djiougéted interrog'-étivli.
Ai-je un couteau?	Have I a knife?	hav aï é naïf?
As-tu une fourchette?	Hast thou a fork?	hast thaou é fork?
A-t-il une cuiller?	Has he a spoon?	haz hi é spoun?
Avons-nous des verres?	Have we any glasses?	hav oui en'i glass'iz.
Avez-vous des serviettes?	Have you any napkins?	hav you en'i nap'kinz?
Ont-ils une nappe?	Have they a table-cloth?	hav thé é téb'l cloth?
Avais-je une assiette?	Had I a plate?	had aï é plét?
Avais-tu un plat?	Hadst thou a dish?	hadst thaou é diche?
Avait-il un bol?	Had he a basin?	had hi é bés'n?
Avions-nous une bouteille?	Had we a bottle?	had oui é bot't'l?
Aviez-vous de l'or?	Had you any gold?	had you en'i gôld?
Avaient-ils de l'argent?	Had they any silver?	had thé en'i sil'veur?
Eus-je du fer?	Had I any iron?	had aï en'i aïeurn?
Eus-tu de l'acier?	Hadst thou any steel?	hast thaou en'i stil.
Eut-il du cuivre?	Had he any copper?	had hi en'i cop'peur?
Eûmes-nous de l'airain?	Had we any brass?	had oui en'i brass?
Eûtes-vous du plomb?	Had you any lead?	had you en'i led?
Eurent-ils de l'étain?	Had they any pewter?	had thé en'i piou'teur?
Aurai-je du papier?	Shall I have any paper?	chal aï hav en'i pé'peur?
Auras-tu des plumes?	Shalt thou have pens?	chalt thaou hav en'i penz?
Votre ami aura-t-il son canif?	Will your friend have his penknife?	ouil your frend have hiz pen'naïf?
Aurons-nous des livres?	Shall we have **any** books?	chal oui hav en'i boucs?

Aurez-vous de l'encre?	Shall you have any ink?	chal you hav en'i ingk?
Vos sœurs auront-elles une maison?	Will your sisters have a house?	ouil your sis'teurz hav é haouce?
Aurais-je une chambre?	Should I have a room?	choud aï hav é roum?
Aurais-tu un château?	Shouldst thou have a seat?	choudst thaou hav é sit°
Aurait-elle un jardin?	Would she have a garden?	ououd chi hav é gar'd'n?
Aurions-nous une muraille?	Should we have a wall?	choud oui hav é ouâl?
Auriez-vous des fleurs?	Should you have any flowers?	choud you hav en'i flaou'eurz?
Auraient-ils des arbres?	Would they have any trees?	ououd thé hav en'i triz?

VOCABULAIRE.	VOCABULARY.	VOCAB'IOULEURI.
m. Un habit.	A coat.	é côt.
m. Un gilet.	A waistcoat.	é oués'cot.
f. Une veste.	A jacket.	é djak'et.
m. Des bas.	Stockings.	stok'ingz.
m. Des souliers.	Shoes.	shouz.
m. Un chapeau.	A hat.	é hat.
f. Une chemise.	A shirt, a chemise	é cheurt, é chemîz.
m. Du linge.	Linen.	lin'en.
f. De la toile.	Cloth, linen.	*cloth*, linen.
f. De la dentelle.	Lace.	léce.
m. Un mouchoir.	A handkerchief.	é han'keurchif.
f. Des boucles.	Buckles.	buck'lz.
m. Des gants.	Gloves.	gleuvz.
m. Un peigne.	A comb.	é côm.
f. Une montre.	A watch.	é ouotch.
f. Une tabatière.	A snuff-box.	é snuff'bocs.
f. Des bottes.	Boots.	bouts.
f. Une table.	A table.	é téb'l.
f. Une chaise.	A chair.	é tchair.
m. Un châle.	A shawl.	é châl.

m. Un fauteuil.	An arm-chair.	an arm'tchair.
f. Une voiture.	A coach.	é côtch.
m. Un lit.	A bed.	é bed.
m. Du velours.	Velvet.	vel'vet.
m. Du drap.	Cloth.	clo*th*.
f. Une épée.	A sword.	é sôrd
m. Un sabre.	A broadsword.	é brâd'sôrd.
f. Une épingle.	A pin,	é pın.
m. Un bonnet.	A cap.	é cap.
f. Une bourse.	A purse.	é peurce.
f. Des lunettes.	Spectacles.	spec'tek'lz.
m. Un rasoir.	A razor.	é rézeur.

Le verbe AVOIR conjugué avec négation.	The verb TO HAVE conjugated negatively.	Thi veurb Tou H'v c...djiougéted n... ...tıvlı.
Je n'ai point d'habit.	I have no coat.	aï hav no côt.
Tu n'as pas de gilet.	Thou hast no waistcoat.	thaou hast no oués'cot.
Il n'a point de bas.	He has no stockings.	hi haz no stok'ıngz.
Nous n'avons pas de souliers.	We have no shoes.	oui hav no chouz.
Vous n'avez pas de chapeau.	You have no hat.	you hav no hat.
Ils n'ont pas de chemise.	They have no shirt.	thé hav no cheurt.
Elles n'ont pas de chemises.	They have no chemises.	thé hav no chemiziz.
Je n'avais pas de linge.	I had no linen.	aï had no lin'en.
Tu n'avais pas de toile.	Thou hadst no cloth.	thaou hadst no clo*th*.
Elle n'avait point de dentelle.	She had no lace.	chi had no léce.
Nous n'avions point de mouchoirs.	We had no handkerchiefs.	oui had no han' keurchifs

Vous n'aviez point de boucles.	You had no buckles.	you had no buck'lz.
Ils n'avaient pas de gants.	They had no gloves.	thé had no gleuvz.
Je n'eus pas de peigne.	I had no comb.	aï had no côm.
Tu n'eus pas de montre.	Thou hadst no watch.	thaou hadst no ouotch.
Il n'eut point de tabatière.	He had no snuff-box.	he had no snuff'bocs.
Nous n'eûmes point de bottes.	We had not any boots.	ouï had not e'ni bouts
Vous n'eûtes pas de table.	You had no table.	you had no téb'l.
Ils n'eurent pas de chaises.	They had not any chairs.	thé had not en'i tchauz.
Elles n'eurent point de châles.	They had no shawls.	thé had no châlz.
Je n'aurai pas de fauteuil.	I shall have no arm-chair.	aï chal hav no arm'-tchairz.
Tu n'auras pas de voiture.	Thou will not have a coach.	thaou ouilt not hav é côtch.
Il n'aura pas de lit.	He will have no bed.	hi ouil hav no bed.
Nous n'aurons pas de velours.	We shall have no velvet.	ouï chal hav no vel'-vet.
Vous n'aurez pas de drap.	You will not have any cloth.	you ouil not hav en'i cloth.
Ils n'auront pas d'épée.	They will have no sword.	thé ouil hav no sórd.
Je n'aurais pas de sabre.	I should have no broad sword.	aï choud hav no brâd'-sôrd.
Tu n'aurais pas d'épingle.	Thou wouldst have no pin.	thaou ououdst hav no pin.
Elle n'aurait pas de bonnet.	She would have no cap.	chi ououd hav no cap.
Nous n'aurions pas de bourse.	We should have no purse.	ouï choud hav no peurce.

Vous n'auriez pas de lunettes.	You would have no spectacles.	you ououd hav no spec'tek'lz.
Ils n'auraient pas de rasoirs.	They would have no razors.	thé ououd hav no rézeurz.

VOCABULAIRE.	VOCABULARY.	VOCAB'IOULEURI.
f. Une robe.	A gown.	é gaoun.
f. Une jupe.	A petticoat.	é pet'ticôt.
m. Un tablier.	An apron.	an épeurn.
f. De la laine.	Some worsted.	seum ououisted.
f. De la soie.	Silk.	silk.
m. Du coton.	Cotton.	cot't'n.
m. Du fil.	Thread.	thred.
f. Une aiguille.	A needle.	é nîd'l.
m. Un dé.	A thimble.	é thim'b'l.
m. Des ciseaux.	Scissars.	siz'zeurz.
m. Du ruban.	Some ribbon.	seum rib'beun.
f. De la mousseline.	Muslin.	meuz'lin.

Que je n'aie pas de robe.	That I may have no gown.	that aï mé hav no gaoun.
Que tu n'aies pas de jupe.	That thou mayest have no petticoat.	that thaou mést hav no pet'ticôt.
Qu'elle n'ait pas de tablier.	That she may have no apron.	that chi mé hav no épeurn.
Que nous n'ayons pas de laine.	That we may have no worsted.	that oui mé hav no ououisted.
Que vous n'ayez pas de soie.	That you may have no silk.	that you mé hav no silk.
Qu'elles n'aient pas de coton.	That they may have no cotton.	that thé mé hav no cot't'n.
Que je n'eusse pas de fil.	That I might have no thread.	that aï maït hav no thred.
Que tu n'eusses pas d'aiguille.	That thou mightest have no needle.	that thaou mait'est hav no ni'd'l.
Qu'elle n'eût pas de dé.	That she might have no thimble.	that chi maite hav no thim'b'l

Que nous n'eussions pas de ciseaux.	That we might have no scissars.	that oui mait hav no siz'zeurz.
Que vous n'eussiez pas de ruban.	That you might have no ribbon.	that you mait hav no rib'beun.
Qu'elles n'eussent pas de mousseline.	That they might have no muslin.	that thé mait hav no meuz'lin.

	VOCABULAIRE.	VOCABULARY.	VOCAB'IOULEURI.
m.	Un cheval.	A horse.	é horce.
m.	Un chien.	A dog.	é dog.
m.	Un singe.	An ape, a monkey.	an ép, é mong'ké.
m.	Un chat.	A cat.	é cat.
f.	Une jument.	A mare.	é mèr.
f.	Une vache.	A cow.	é caou.
f.	Une chèvre.	A goat.	é gôt.
m.	Un salon.	A parlour.	é par'leur.
f.	Une récompense.	A reward.	é ri-ouord'.
m.	Du plaisir.	Pleasure.	plej'eur.
f.	De la reconnaissance.	Gratitude.	grat'itioud.
f.	Une fièvre.	A fever.	é fiveur.
f.	De la poudre.	Some powder.	seum paou'deur.
m.	Beau temps.	Fine weather.	fain oueth'eur.
f.	De la pluie.	Some rain.	seum rén.
m.	Un tapis.	A carpet.	é carpet.
m.	Un bateau.	A boat.	é bôt.
m.	Congé.	A holiday.	é hol'idé.
m.	Un concert.	A concert.	é con'ceurt.
f.	Une maladie.	An illness.	an il'ness.
m.	Un oiseau.	A bird.	é beurd.
m.	De l'appétit.	An appetite.	an ap'pitait.
m.	Le courage.	The courage.	thi keur'idj.
m.	Du chagrin.	Grief.	grif.
m.	Le malheur.	The misfortune.	the misfor'tchioun.
f.	La hardiesse.	The boldness.	the bôld'nes.
m.	Des parents.	Relations.	rilé'cheunz.
m.	Le bonheur.	The happiness.	the hap'piness.
m.	Un ami.	A friend.	é frend.
m.	Un ennemi.	An enemy.	an en'imi.

Le verbe AVOIR conjugué avec négation et interrogation.	The verb TO HAVE conjugated both negatively and interrogatively.	Thi veurb Tou Hav con'djiougéted both neg'étivli and interrogé'tivli.
N'ai-je pas un cheval ?	Have I not a horse ?	hav aï not é horce?
N'as-tu pas un chien ?	Hast thou not a dog ?	hast thaou not é dog?
N'a-t-il pas un singe ?	Has he not a monkey ?	haz hi not é mong'ké ?
N'avons-nous pas un chat ?	Have we not a cat ?	hav oui not é cat ?
N'avez-vous pas une jument ?	Have you not a mare ?	hav you not é mèr?
N'ont-ils pas des vaches ?	Have they not some cows ?	hav thé not seum caouz ?
N'avais-je pas une chèvre ?	Had I not a goat ?	had aï not é gôt?
N'avais-tu pas un salon ?	Hadst thou not a parlour ?	hadst thaou not é par'leur?
N'avait-il pas un tapis ?	Had he not a carpet ?	had hi not é car'pet?
N'avions-nous pas congé ?	Had we not a holiday ?	had oui not é hol'idé ?
N'aviez-vous pas un bateau ?	Had you not a boat ?	had you not é bôt?
N'avaient-ils pas un concert ?	Had they not a concert ?	had thé not é con'ceurt?
N'eus-je pas une maladie ?	Had I not an illness ?	had aï not an il'ness?
N'eus-tu pas un oiseau ?	Hadst thou not a bird ?	hadst thaou not é beurd?
N'eut-il pas d'appétit ?	Had he no appetite ?	had hi not an ap'pitait?
N'eûmes-nous pas de récompense ?	Had we no reward ?	had oui not é ri-ouord'?
N'eûtes-vous pas du plaisir ?	Had you no pleasure.	had you no plej'eur?

N'eurent ils pas de reconnaissance ?	Had they no gratitude ?	had thé no grat'itioud ?
N'aurai-je pas une fièvre ?	Shall I not have a fever ?	chal ai not hav é fîveui ?
N'auras-tu pas de la poudre ?	Shalt thou have no powder ?	chalt thaou hav no paou'deur ?
N'aura-t-il pas beau temps ?	Will he not have fine weather ?	ouil hi not hav faïn oueth'eur ?
N'aurons-nous pas de pluie ?	Shall we not have rain ?	chal oui not hav rén ?
N'aurez-vous pas le courage ?	Shall you not have the courage ?	chal you not hav thi keur'idj ?
N'auront-ils pas de chagrin ?	Will they have no grief ?	ouil thé hav no grif ?
N'aurais-je pas le malheur ?	Should I not have the misfortune ?	choud ai not hav thi misfor'tchioun ?
N'aurais-tu pas la hardiesse ?	Shouldst thou not have the boldness ?	choudst thaou not hav thi bóld'ness ?
N'aurait-il pas des parents ?	Would he not have relations ?	ououd hi not hav rile'cheunz ?
N'aurions-nous pas le bonheur ?	Should we not have the happiness ?	choud oui not hav thi hap'piness ?
N'auriez-vous pas un ami ?	Should you not have a friend ?	choud you not hav é frend ?
N'auraient-ils pas des ennemis ?	Would they not have some enemies ?	ououd thé not hav seum en'imiz ?

VOCABULAIRE.	VOCABULARY.	VOCAB'IOULEURI.
Bien aise.	Very glad.	ver'i glad.
Paresseux, euse.	Idle.	aïd'l.
Curieux, euse.	Inquisitive.	inkouiz'itiv.
Généreux, euse.	Generous.	djen'eureus.
Adroit, e.	Dexterous.	dec'steureus.
Heureux, euse.	Happy.	hap'pi.
Malheureux, euse.	Unhappy.	unhap'pi.
Occupé, e.	Busy.	biz'i.
Fatigué, e.	Tired.	taird.
Couché, e.	In bed, lying down.	in bed, laï'ing daoun.

Ferme, e.	Shut.	cheut.
Pauvre.	Poor.	pour.
Obéissant, e.	Obedient.	obîdient.
Fâché, e.	Sorry, angry.	sor'i, ang'gri.
Surpris, e.	Surprised.	seurpraïzd.
Tranquille.	Quiet.	kouaï'et.
Blessé, e.	Wounded.	ououndèd.
Avide.	Greedy.	grî'di.
Prêt, e.	Ready.	red'i.
Savant, e.	Learned.	leurn'ed.
Bossu, e.	Hump-backed.	hump-bact.
Joyeux, euse.	Glad, merry.	glad, mer'i.
Riche.	Rich.	ritch.
Faible.	Weak.	ouîk.
Téméraire.	Rash.	rache.
Imprudent, e.	Imprudent.	improu'den't.
Inutile.	Useless.	yous'less.
Barbare.	Barbarous.	bar'bareus.
Coupable.	Guilty.	gil'ti.
Méchant, e.	Wicked.	ouik'ed.

Le verbe *ÊTRE* conjugué avec les adjectifs qui précèdent.	The verb *TO BE* conjugated with the preceding adjectives.	Thi veurb Tou Bi con'-djiougeted ouith thi preciding ad'jectivz.
Je suis bien aise.	I am very glad.	aï am ver'i glad.
Tu es paresseux, euse.	Thou art idle.	thaou art aïd'l.
Elle est curieuse.	She is inquisitive.	chi iz inkouiz'itiv.
Il est généreux.	He is generous.	hi iz djen'cureus.
Il est adroit.	He is dexterous.	hi iz dec'steureus.
Nous sommes heureux, heureuses.	We are happy.	oui ar hap'pi.
Vous êtes malheureux, malheureuses.	You are unhappy.	you ar unhap'pi.
Ils sont occupés.	They are busy.	thé ar biz'i.
J'étais fatigué, e.	I was tired.	aï ouoz taird.
Tu étais couché, e.	Thou wast in bed, lying down.	thaou ouost in bed, laï'ing daoun.
Sa fenêtre était fermée.	His window was shut.	hiz ouin'dô ouoz cheut.

Nous étions pauvres.	We were poor.	oui ouer pour.
Vous étiez obéissants.	You were obedient.	you ouer obidient.
Ils étaient fâchés.	They were sorry, angry.	thé ouer sor'i, ang'gri.

Je fus surpris, e.	I was surprised.	aï ouoz seurpraïzd.
Tu fus tranquille.	Thou wast quiet.	thaou ouost kouaï'et.
Son cheval fut blessé.	His horse was wounded.	hiz hors ouoz ouounded
Ils furent avides.	They were greedy.	thé ouer gri'di.

Je serai prêt, e.	I shall be ready.	aï chal bi red'i.
Tu seras savant, e.	Thou wilt be learned.	thaou ouilt bi leurn'ed.
Il sera bossu.	He will be hump-backed.	hi ouil bi hump-bact.
Nous serons joyeux.	We shall be merry.	oui chal bi mer'i.

Vous serez riches.	You will be rich.	you ouil bi ritch.
Ils seront faibles.	They will be weak.	thé ouil bi ouik.

Je serais téméraire.	I should be rash.	aï choud bi rache.
Tu serais imprudent, e.	Thou wouldst be imprudent.	thaou ououdst bi improu'dent.
Cela serait inutile.	That would be useless.	thot ououd bi yous'less.
Nous serions barbares.	We should be barbarous.	oui choud bi bar'bareus.
Vous seriez coupables.	You would be guilty.	you ououd bi gil'ti.
Ils seraient méchants.	They would be wicked.	thé ououd bi ouik'ed.

VOCABULAIRE.	VOCABULARY	VOCAB'IOULEURI.
Probe.	Honest.	on'est.
Poli, e.	Polite.	polait.
Juste.	Just.	djeust.
Sage.	Wise.	ouaïz.
Fidèle.	Faithful.	féth'foul.
Fort, e.	Strong.	strong.
Innocent, e.	Innocent.	in'nocent.
Muet, te,	Dumb.	deum.
Habile.	Skilful.	skil'foul.

Apprivoisé, e.	Tame.	tém.
Grand, e.	Tall.	tâl.
Petit, e.	Short, small.	chort, smâl.
Égal, e.	Equal.	icoual.
Hardi, e.	Bold.	bôld.
Orgueilleux, euse	Proud.	praoud.
Aveugle, e.	Blind.	blaind.
Jeune.	Young.	yeung.

Sois probe.	Be honest.	bi on'est.
Qu'il soit poli.	Let him be polite.	let him bi polait.
Soyons justes.	Let us be just.	let us bi djeust.
Soyez sages.	Be wise.	bi ouaiz.
Qu'ils soient fidèles.	Let them be faithful.	let them bi féth'foul.

Que je sois fort, e.	That I may be strong.	that aï mé bi strong.
Que tu sois innocent, e.	That thou mayest be innocent.	that thaou mést bi in'-nocent.
Qu'elle soit muette.	That she may be dumb.	that chi mé bi deum.
Que nous soyons habiles.	That we may be skilful.	that oui mé bi skil'foul.
Que vous soyez hardis, hardies.	That you may be bold.	that you mé bi bôld.
Qu'elles soient orgueilleuses.	That they may be proud.	that thé mé bi praoud.

Que je fusse aveugle.	That I might be blind.	that aï maït bi blaïnd.
Que tu fusses jeune.	That thou mightest be young.	that thaou maït'est bi yeung.
Que son oiseau fût apprivoisé.	That his bird might be tame.	that hiz beurd maït bi tém.
Que nous fussions plus grands, grandes.	That we might be taller.	that oui maït bi tâl'eur.
Que vous fussiez plus petits, petites.	That you might be shorter.	that you maït bi chort'-eur.
Qu'ils fussent égaux.	That they might be equal.	that thé maït bi icoual.

VOCABULAIRE.	VOCABULARY	VOCAB'IOULEURI.
Sourd, e.	Deaf.	def.
Diligent, e.	Diligent.	dil'idjent.
Bleu, e.	Blue.	bhou.
Gai, e.	Merry.	mer'i.
Triste.	Dull.	deul.
Studieux, euse.	Studious.	stiou'dieus.
Discret, ète.	Discreet.	discrît'.
Ingrat, e.	Ungrateful.	ungrét'foul.
Honteux, euse.	Ashamed.	achémd.
Malade.	Ill.	il.
Mouillé, e.	Wet.	ouet.
Étonné, e.	Astonished.	aston'icht.
Digne.	Worthy.	oueur'thi.
Illustre.	Illustrious.	illeus'trieus.
Entêté, e.	Obstinate.	ob'stinét.
Modeste.	Modest.	mod'est.
Excusable.	Excusable.	exkiouz'eb'l.
Prodigue.	Lavish.	lav'iche.
Estropié, e.	Lame.	lém.
Heureux, euse.	Lucky.	leuk'i.
Plein, e.	Full.	foul.
Impoli, e.	Unpolite, impolite.	unpolait', impolait'.
Franc, franche.	Frank.	frank.
Étroit, e.	Narrow.	nar'rô.
Content, e.	Satisfied, pleased.	sat'isfaïd, plîzd.
Mécontent, e.	Displeased.	displîzd.
Large.	Wide.	ouaïd.
Aimable.	Amiable.	é'mieb'l.
Ridicule.	Ridiculous.	ridik'iouleus.
Pesant.	Heavy.	hev'i.

Le verbe ÊTRE conjugué avec négation et interrogation.

The verb TO BE conjugated both negatively and interrogatively.

Thi veurb Tou Bi con'-djnougéted both neg'-étivli and interrogé'-tivli.

Je ne suis pas sourd. — I am not deaf. — aï am not def.
Es-tu diligent? — Art thou diligent. — art thaou dil'idjent?
Votre habit n'est-il pas bleu? — Is not your coat blue? — is not your côt bliou?

Nous ne sommes pas gais.	We are not merry.	ouí ar not mer'ri.
N'êtes-vous pas tristes?	Are you not dull?	ar you not deul?
Ils ne sont pas très-modestes.	They are not very modest.	thé ar not ver'i mod'est.
N'étais-je pas excusable?	Was I not excusable?	ouoz aí not exkiouzeb'l?
N'étais tu pas prodigue?	Wast thou not lavish?	ouost thaou not lav'iche?
Était-il estropié?	Was he lame?	ouoz hi not lém?
Nous n'étions pas heureux, heureuses.	We were not lucky.	ouí ouer not luck't.
Étiez-vous studieux, studieuses?	Were you studious?	ouer you shou'dieus?
N'étaient-ils pas discrets?	Were they not discreet?	ouer thé not discrit?
Fus-je ingrat?	Was I ungrateful?	ouoz ai ungrétfoul?
Ne fus-tu pas honteux, honteuse?	Wast thou not ashamed?	ouost thaou not achémd?
Il ne fut pas malade.	He was not ill.	hi ouoz not il.
Nous ne fûmes pas mouillés.	We were not wet.	ouí ouer not ouet.
Fûtes-vous étonnés?	Were you astonished?	ouer you aston'icht?
Ne furent-ils pas dignes?	Were they not worthy?	ouer thé not oucur'thi.
Serai-je illustre?	Shall I be illustrious.	chal aí bi illeus'trieus?
Ne seras-tu pas entêté?	Shalt thou not be obstinate?	chalt thaou not bi ob'stinét?
La bouteille ne sera pas pleine.	The bottle will not be full.	thi bot'l'l ouil not bi foul.
Nous ne serons pas si impolis.	We shall not be so impolite.	ouí chal not bi só unpolait.
Serez-vous francs?	Shall you be frank?	chal you bi frank?
Les manches ne seront-elles pas trop étroites?	Will not the sleeves be too narrow?	ouil not thi slivz bi tou nar'ró?

Je ne serais pas content.	I should not be satisfied, pleased.	aï choud not bi sat′isfaïd, plïzd.
Serais-tu mécontent ?	Shouldst thou be dissatisfied, displeased.	chouldst thaou bi dissat′isfaïd, displizd.
La chambre ne serait-elle pas assez large ?	Would not the room be wide enough ?	ououd not thi roum bi ouaïd ïnouf?
Serions-nous aimables ?	Should we be amiable.	choud oui bi émieb′l?
Ne seriez-vous pas ridicules ?	Should you not be ridiculous ?	choud you not bi ridik′iouleus?
Ne seraient-ils pas trop pesants ?	Would they not be too heavy ?	ououd thé not bi tou hev′i?

VOCABULAIRE. — VOCABULARY. — VOCAB′IOULEURI.

Aimer.	To love, to like.	tou leuv, tou laïk.
Abandonner.	To forsake.	tou forsek.
Aboyer.	To bark.	tou bark.
Achever.	To finish.	tou fin′iche.
Acheter.	To buy.	tou baï.
Appeler.	To call.	tou câl.
Apporter.	To bring.	tou bring.
Allumer.	To light.	tou laït.
Arracher.	To pull, to pluck.	tou poul, tou pleuc.
Arroser.	To water.	tou ouâteur.
Attacher.	To tie.	tou taï.
Apprêter.	To dress, to get ready.	tou dress, to get red′i
Assurer.	To assure.	tou achour.
Avouer.	To confess.	tou confes′.
Baptiser.	To christen.	tou cris′n.
Balayer.	To sweep.	tou souîp.
Blâmer.	To blame.	tou blém.
Blesser.	To hurt.	tou heurt.
Boucher.	To stop.	tou stop.
Boutonner.	To button up.	tou but′t′n eup.
Brasser.	To brew.	tou brou.
Broder.	To embroider.	tou embroï′der.
Broyer.	To grind, to bruise.	tou graïnd, tou brouz
Brûler.	To burn.	tou beurn.

Conjugaison des verbes précédents.	The above verbs conjugated.	Thi abeuv' veurbz con'-djiougéted.
J'aime le fruit.	I like fruit.	aï laïk frout.
Tu abandonnes tes amis.	Thou forsakest thy friends.	thaou forsékest thaï frendz.
Le chien n'aboie pas.	The dog does not bark.	thi dog deuz not bark.
Nous achevons notre ouvrage.	We are finishing our work.	ouï ar fin'iching aour oueurk.
N'achetez-vous pas du poisson ?	Do you not buy fish ?	dou you not baï fiche ?
Appellent-ils ?	Do they call ?	dou thé câl ?
J'apportais le dîner.	I was bringing (in) the dinner.	aï ouoz bring'ing in thi din'eur.
Tu allumais la chandelle.	Thou wast lighting the candle.	thaou ouost laïting thi can'd'l.
N'arrachait-il pas les fleurs ?	Was he not plucking the flowers ?	ouoz hi not pleuk'ing thi flaou'eurz ?
Nous arrosions le jardin.	We were watering the garden.	ouï ouer ouâteuring thi gar'd'n.
N'attachiez-vous pas une corde ?	Were you not tying a string ?	ouer you not taï'ing é string ?
Ils apprêtaient le dîner.	They were dressing the dinner.	thé ouer dres'ing thi din'eur.
J'assurai votre frère.	I assured your brother.	aï achoûrd your breutheur.
Tu avouas ta faute.	Thou confessedst thy fault.	thaou confes'edst thaï fâlt.
Il ne baptisa pas l'enfant.	He did not christen the child.	hi did not cris'n thi tchaïld.
Nous balayâmes la cuisine.	We swept the kitchen.	ouï souept thi kitch'in.
Ne blamâtes-vous pas sa conduite ?	Did you not blame his conduct ?	did you not blém hiz con'deuct ?
Ne se blessèrent-ils pas ?	Did they not hurt themselves ?	did thé not heurt them-selvz'?
Je boucherai le trou.	I will stop the hole.	aï ouil stop thi hôl.

Ne boutonneras-tu pas ta veste ?	Will thou not button up thy jacket.	ouilt thaou not beut't'n eup thaï jak'et?
Il brassera de la bière.	He will brew some beer.	hi ouil brou seum bir.
Nous broierons les drogues.	We will bruise the drugs.	ouï ouil brouz thi drugz.
Broderez-vous votre robe ?	Shall you embroider your gown ?	chal you embroï'deur your gaoûn ?
Ne brûleront-ils pas tout le bois ?	Will they not burn all the wood ?	ouil thé not beurn âl thi ououd ?

VOCABULAIRE.	VOCABULARY.	VOCAB'IOULEURI.
Brosser.	To brush.	tou breuche.
Brider.	To bridle.	tou braïd'l.
Briser.	To break.	tou brék.
Cacher.	To hide.	tou haïd.
Casser.	To break.	tou brék.
Changer.	To change.	tou tchéndj.
Charger.	To load.	tou lôd.
Chauffer.	To warm.	tou ouorm.
Cacheter.	To seal.	tou sîl.
Chercher.	To look for.	tou louk for.
Châtier.	To chastise.	tou tchastaïz.
Commencer.	To begin.	tou bigin'.
Chanter.	To sing.	tou sing.
Couper.	To cut.	tou cut.
Déchirer.	To tear.	tou tèr.
Déshonorer.	To disgrace.	tou disgrés.
Deviner.	To guess.	tou gess.
Se dépêcher.	To make haste.	tou mék hést.
Déjeuner.	To breakfast.	tou brek'fast.
Écouter.	To listen to.	tou lis'n tou.
Emprunter.	To borrow.	tou bor'rô.
Éternuer.	To sneeze.	tou sniz.
Je brosserais mon habit.	I should brush my coat.	aï choud breuche maï [côt.

Tu briderais ton cheval.	Thou wouldst bridle thy horse.	thaou ououdst braïd'l thaï horce.
Il briserait la porte.	He would break the door.	hi ououd brék thi dôr.
Nous cacherions notre argent.	We should hide our money.	ouï choud haïd aour meun'i.
Vous casseriez le verre.	You would break the glass.	you ououd brek thi glass.
Ils changeraient de logement.	They would change their lodgings.	thé ououd tchéndj thèr lodj'ings.
Qu'il charge la charrette.	Let him load the cart.	let him lôd thi cart.
Chauffons les draps.	Let us warm the sheets.	let eus ouàrm thi chits.
Cachetez votre lettre.	Seal your letter.	sîl your let'teur.
Qu'ils cherchent une maison.	Let them look for a house.	let them louk for é haouce.
Que je châtie les coupables.	That I may chastise the guilty.	that aï mé tchastaïz thi gil'ti.
Que tu commences ton thème.	That thou mayest begin thy exercise.	that thou mést bigin' thaï ec'seursaïz
Qu'elle chante une chanson.	That she may sing a song.	that chi mé sing é sorg.
Que nous coupions la viande.	That we may cut the meat.	that ouï mé keut thi mit.
Que vous ne déchiriez pas votre habit.	That you may not tear your coat.	that you mé not tèr your côt.
Qu'ils ne déshonorent pas leur famille.	That they may not disgrace their family.	that thé me not disgrés thèr fam'ili.
Que je devinasse l'énigme.	That I might guess the riddle.	that aï maït gess thi rid'd'l.
Que tu te dépêchasses.	That thou mightest make haste.	that thaou maït'est mék hest.
Qu'il ne déjeunât pas.	That he might not breakfast.	that hi maït not brek'fast.
Que nous ne l'écoutassions pas.	That we might not listen to him.	that ouï maït not lis'n tou him.

Que vous n'empruntassiez pas d'argent.	That you might not borrow money.	that you maït not bor'rô meun'i.
Qu'ils n'éternuassent point.	That they might not sneeze.	that thé maït not snîz.

VOCABULAIRE.	VOCABULARY.	VOCAB'IOULEURI.
Étudier.	To study.	tou steud'i.
Frapper.	To strike.	tou straïk.
Frire.	To fry.	tou fraï.
Frotter.	To rub.	tou reub.
Gâter, abîmer.	To spoil.	tou spoïl.
Habiller.	To dress.	tou dress.
Jeter.	To throw away.	tou thrô a-oué.
Inviter.	To invite.	tou invaït.
Imprimer.	To print.	tou print.
Labourer.	To plough.	tou plaou.
Laver.	To wash.	tou ouoche.
Manger.	To eat.	tou ît.
Mêler.	To mix.	tou mics.
Meubler.	To furnish.	tou feur'nich.
Nager.	To swim.	tou souïm.
Nettoyer.	To clean.	tou clîn.
Oter.	To take off.	tou ték of.
Oublier.	To forget.	tou forget'.
Payer.	To pay.	tou pé.
Prêter.	To lend.	tou lend.
Prier.	To pray.	tou pré.
Parler.	To speak.	tou spîk.
Quitter.	To leave.	tou lîv.
Récompenser.	To reward.	tou ri-ouord.
Remercier.	To thank.	tou *thangk*.
Secouer.	To shake off.	tou chék of.
Saler.	To salt.	tou solt.
Tuer.	To kill.	tou kil.
Voler.	To rob.	tou rob.

J'ai étudié ma leçon.	I have studied my lesson.	aï hav steud'id maï les'n.

N'as-tu point frappé le chien ?	Hast thou not struck the dog ?	hast thaou not streuk thi dog?
A-t-elle frit le poisson ?	Has she fried the fish ?	haz chi fraid thi fiche?
Nous avons frotté les chaises.	We have rubbed the chairs.	oui hav reubd thi tchairz.
Nous n'avons pas gâté cet enfant.	We have not spoiled that child.	oui hav not spoild that tchaild.
N'avez-vous point abîmé votre habit ?	Have you not spoiled your coat?	hav you not spoild your côt?
Ils n'ont pas habillé les enfants.	They have not dressed the children.	thé hav not drest thi tchil'dren.
J'avais jeté les restes.	I had thrown the remains away.	ai had thrôn thé riméns a-oué.
N'avais-tu pas invité mon cousin ?	Hadst thou not invited my cousin.	hadst thaou not invaited mai keuz'n?
Avait-il imprimé son ouvrage ?	Had he printed his work ?	had hi print'ed hiz oueurk?
Nous avions labouré le champ.	We had ploughed the field.	oui had plaoud thi fild.
Vous n'aviez pas lavé vos mains.	You had not washed your hands.	you had not ouocht your handz.
N'avaient-ils pas mangé le fruit ?	Had they not eaten the fruit ?	had thé not it'n thi frout?
Quand j'eus mêlé les drogues.	When I had mixed the drugs.	houen ai had micst thi dreugz.
Quand il eut meublé sa maison.	When he had furnished his house.	houen hi had feurnicht hiz hoouce.
Quand nous eûmes nagé.	When we had swum.	houen oui had soueum.
Ils n'eurent pas nettoyé les tableaux.	They had not cleaned the paintings.	thé had not clind thi péntingz.
Quand j'aurai ôté mon habit.	When I (shall) have taken off my coat.	houen ai chal hav tek'n of mai côt.
N'auras-tu pas oublié ta leçon ?	Shalt thou not have forgotten thy lesson ?	chalt thaou not hav forgot't'n thaï les's'n?

Il aura payé une guinée.	He will have paid one guinea.	hi oud hav péd oueun gin'i.
Quand nous aurons prêté l'argent.	When we (shall) have lent the money.	houen oui chal hav lent thi meun'i.
J'aurais prié Dieu.	I should have prayed to God.	aï choud hav préd tou God.
N'aurait-il pas parlé français?	Would he not have spoken french?	ououd hi not hav spók'n frentch?
Aurions-nous quitté la maison?	Should we have left the house?	choud oui hav left thi haouce?
N'auraient-ils pas récompensé les diligents?	Would they not have rewarded the diligent?	ououd thé not hav riouorded thi dil'idjent?
Que nous ayons remercié Dieu.	That we may have thanked God.	that oui mé hav thangkt God.
Qu'ils eussent secoué la poussière.	That they might have shaken off the dust.	that thé mait hav chék'n of thi dust.
La viande est salée.	The meat is salted.	thi mit iz sol'ted.
Son frère a été tué.	His brother has been killed.	hiz breuth'eur haz bin kild.
Nous aurions été volés.	We should have been robbed.	oui choud hav bin robd.

VOCABULAIRE.	VOCABULARY.	VOCAB'IOULEURI.
Abolir.	To abolish.	tou abol'iche.
Accomplir.	To fulfil.	tou foulfil'.
Adoucir.	To make milder.	tou mék maildeur.
Affaiblir.	To weaken.	tou ouïk'n.
Agir.	To act.	tou act.
Applaudir.	To praise.	tou préz.
Avertir.	To warn.	tou ouorn.
Bâtir.	To build.	tou bild.
Démolir.	To demolish.	tou dimol'iche.
Blanchir.	To wash.	tou ouoche.
Choisir.	To choose.	tou tchouz.
Désobéir.	To disobey.	tou disobé.
Éblouir.	To dazzle.	tou daz'z'l.
Emplir.	To fill.	tou fil.

Embellir.	To embellish.	tou embel'iche.
Enfouir.	To bury.	tou ber'i.
Enrichir.	To enrich.	tou enritch.
Étourdir.	To stun.	tou steun.
Finir.	To finish.	tou fin'iche.
Fleurir.	To blossom.	tou blos'm.
Frémir.	To shudder.	tou cheud'eur.
Guérir.	To cure.	tou kiour.
Jouir de.	To enjoy.	tou endjoi.
Maigrir.	To grow thin.	tou grô thin.
Murir.	To grow ripe.	tou grô raip.
Noircir.	To blacken.	tou blak'n.
Nourrir.	To feed.	tou fid.
Pâlir.	To turn pale.	tou teurn pél.
Pourrir.	To rot.	tou rot.
Punir.	To punish.	tou peun'ich.
Raccourcir.	To shorten.	tou choit'n.
Rafraîchir.	To refresh.	tou rifreche.
Remplir.	To fill.	tou fil.
Réussir.	To succeed.	tou sucsid.
Saisir.	To seize.	tou siz.
Ternir.	To tarnish.	tou tar'niche.
Trahir.	To betray.	tou bitré.
Vieillir.	To grow old.	tou grô ôld.

Exemples des verbes précédents.	*The above verbs exemplified.*	*Thi abeuv' veurbz exem'plifaid.*
La loi a été abolie.	The law has been abolished.	thi lâ haz bîn abol'icht.
J'accomplirai ma promesse.	I will fulfil my promise.	aï ouil foulfil' maï prom'is.
La pluie adoucira le temps.	The rain will make the weather milder.	thi rén ouil mék thi oueth'eur maildeur.
Cette maladie m'affaiblit beaucoup.	This illness weakens me very much.	this il'ness ouîk'nz mi ver'i meutch.
Il a agi prudemment.	He has acted prudently.	hi haz ac'ted prou'dentli.
Il est applaudi de tout le monde.	He is praised by every body.	hi iz prézd baï ev'ri bod'i.

Avertissez-en votre frère.	Warn your brother of it.	ouorn your breuth'eur ov it.
Il bâtissait sa maison.	He was building his house.	hi ouoz bild'ing hiz haouce.
Je démolissais la mienne.	I was demolishing mine.	ai ouoz dimol'iching main.
Votre linge est-il blanchi?	Is your linen washed?	iz your lin'en ouocht?
Choisissez une de ces pommes.	Choose one of these apples.	tchouz oueun ov thiz ap'p'lz.
Ne me désobéissez pas.	Do not disobey me.	dou not disobé' mi.
Le soleil m'éblouit.	The sun dazzles me.	thi seun daz'z'lz mi.
Vous n'avez pas empli le pot.	You have not filled the pot.	you hav not fild thi pot.
Votre maison est bien embellie.	Your house is greatly embellished.	your haouce iz grét'li embel'icht.
Il a enfoui son argent.	He has buried his money.	hi haz ber'rid hiz meuni.
Cette affaire vous aurait enrichi.	This affair would have enriched you.	this affair ououd hav enritcht you.
Vous m'étourdissez.	You stun me.	you steun mi.
Quand aurez-vous fini votre thème?	When shall you have finished your exercise?	houen chal you have fin'icht your ec'seurcaiz?
Voyez comme les arbres fleurissent!	See how the trees blossom.	si haou thi triz blos's'm.
Vous me faites frémir	You make me shudder.	you mék mi cheud'eur.
Les médecins ne le guériront jamais.	The doctors will never cure him.	thi doc'teurz ouil nev'eur kiour him.
Ne jouissait-il pas de son bien?	Did he not enjoy his fortune?	did hi not endjoi hiz fortchoun?
Votre père est bien maigri.	Your father has grown very thin.	your fa'theur haz grôn ver'i thin.
Que je noircisse mes souliers.	That I may blacken my shoes.	that ai mé blak'n mai chouz.
Comment nourrissez-vous vos lapins?	How do you feed your rabbits?	haou dou you fid your rab'bits?
Il pâlit à la vue du fusil.	He turned pale at the sight of the gun.	hi teurnd pél at thi sait ov thi geun.

Ce fruit commence à pourrir.	This fruit begins to rot.	this frout biginz' tou rot.
Ne le puniriez-vous pas aussi ?	Would you not punish him likewise ?	ououd you not peun'ich him laik'ouaiz?
N'avez-vous point raccourci la planche ?	Have you not shortened the board?	hav you not chort'nd thi hôrd?
Nous nous rafraîchîmes dans le bois.	We refreshed ourselves in the wood.	oui refrecht' aourselvz in thi ououd.
Pourquoi ne remplissez-vous pas les verres ?	Why do you not fill the glasses ?	houai dou you not fil thi glas'siz?
Saisissons l'occasion.	Let us seize the opportunity.	let eus sîz thi opportiou'niti.
La fumée ne ternira-t-elle pas ces tableaux ?	Will not the smoke tarnish these pictures?	ouil not thi smôk tarnich thiz pic'tcheurz?
Il vous aurait trahi.	He would have betrayed you.	hi ououd hav bitréd you.
Sa mère vieillit beaucoup.	His mother grows very old.	hiz meuth'eur grôz ver'i óld.

VOCABULAIRE. — VOCABULARY.

Apercevoir.	To discover, to perceive.	tou diskeuv'eur, tou peursiv.
Entendre.	To understand, to hear.	tou eundeurstand, tou hîr.
Traduire.	To translate.	tou tran'slét.
Peindre.	To paint.	tou pént.
Devoir.	To owe.	tou ô.
Descendre.	To come down.	tou keum daoun.
Reluire.	To glitter.	tou glit'teur.
Recevoir.	To receive.	tou risiv.
Attendre.	To wait for.	tou ouét for.
Détruire.	To destroy.	tou destroi.
Atteindre.	To overtake.	tou ôveurték.
Vendre.	To sell.	tou sel.
Répondre.	To answer.	tou an'seur.
Cuire.	To bake.	tou bék.
Craindre.	To fear.	tou fîr.
Réduire.	To reduce.	tou ridious.
Plaindre.	To pity.	tou pit'i.
Concevoir.	To conceive.	tou consiv.

Feindre.	To pretend.	tou pritend'.
Repeindre.	To paint again.	tout pént agen'.
Fendre.	To cleave.	tou cliv.
Joindre.	To join.	tou djoïn.

Exemples des verbes ci-dessus.	*The above verbs exemplified.*	*Thi abeuv' veurbz exemplifaid.*
J'aperçois un vaisseau.	I discover a ship.	aï diskeuv'eur é chip.
Il n'entend pas le français.	He does not understand french.	hi deuz not eundeurstand frentch.
Je ne vous entendais pas.	I did not hear you.	aï did not hîr you.
Ne traduisez-vous pas des fables ?	Do you not translate fables ?	dou you not translét féb'lz?
Vos sœurs peignent très-bien.	Your sisters paint very well.	your sis'teurz pént ver'i ouel.
Je devais de l'argent à votre père.	I owed some money to your father.	aï ôd seum meun'i tou your fa'theur.
Ne descendiez-vous pas?	Were you not coming down ?	ouer you not keum'ing daoun?
L'or et l'argent reluisaient partout.	Gold and silver glittered every where.	gôld and sil'veur glit't'eurd ev'ri houèr.
Je reçus une lettre samedi dernier.	I received a letter last Saturday.	aï risivd é let'teur last sat'eurdé.
Attendit-il la réponse ?	Did he wait for an answer ?	did hi ouét for an an'seur ?
Nous détruisîmes toutes les fortifications.	We destroyed all the fortifications.	oui destroïd âl thi fortifiké'cheunz.
N'atteignîtes-vous pas la voiture ?	Did you not overtake the coach ?	did you not ôveurték thi côtch ?
Ils n'aperçurent rien.	They perceived nothing.	thé peursivd neuth'ing.
Vendrai-je mon cheval ?	Shall I sell my horse ?	chal aï sel maï hors ?
Il ne vous répondra pas.	He will not answer you.	hi ouil not an'seur you.
Ne cuirez-vous pas demain ?	Shall you not bake tomorrow ?	chal you not bék toumor'rô ?

Ne craindront-ils pas leur maître ?	Will they not fear their master ?	ouil tné not fîr ther mas'teur?
Je n'attendrais personne.	I should not wait for any body.	aï choud not ouét for en't bod'ï.
Il les réduirait bientôt.	He would soon reduce them.	hi ououd soun ridious them.
Pourquoi plaindrions-nous son sort ?	Why should we pity his fate ?	houaï choud oui pit'ï hiz fet ?
Ils ne concevraient jamais cela.	They would never conceive that.	thé ououd nev'eur consiv that.
Feignons de ne pas les entendre.	Let us pretend not to hear them.	let eus pritend' not tou hîr them.
Traduisez cela en anglais.	Translate that into english.	translet that intou ing'-glich.
Attendez votre frère.	Wait for your brother.	ouet for your breuth'eur.
Recevez cet argent pour moi.	Receive that money for me.	risiv that meun'i for mi.
Que je lui doive des remerciements.	That I may owe him thanks.	that aï mé ô him thangks.
Qu'il fende l'arbre.	That he may cleave the tree.	that hi mé cliv thi tri.
Que nous détruisions leurs ouvrages.	That we may destroy their works.	that oui mé destroï ther oueurks.
Qu'ils ne craignent pas Dieu.	That they may not fear God.	that thé mé not fîr God.
Que je ne reçusse pas ses lettres.	That I might not receive his letters.	that aï maït not risiv hiz let'teurz.
Qu'il ne vendit pas ses chevaux.	That he might not sell his horses.	that hi maït not sel hiz hors'iz.
Que nous traduisissions du français.	That we might translate some french.	that oui maït translét seum frentch.
Que vous joignissiez l'armée.	That you might join the army.	that you maït djoïn thi ar'mi.
Qu'ils descendissent pour déjeuner.	That they might come down to breakfast.	that thé maït keum daoun to brek'fast.
Avez-vous reçu vos livres ?	Have you received your books ?	hav you risivd your boucs ?
N'avez-vous pas traduit votre fable ?	Have you not translated your fable ?	hav you not translétéd your feb'l?

Pourquoi ne m'avez-vous pas répondu ?	Why have you not **answered** me ?	houaï hav you not an' seurd mi?
Avez-vous repeint votre chambre ?	Have you painted your room again ?	hav you pénted your roum agen'?

NOMBRES CARDINAUX.	CARDINAL NUMBERS.	VOCAB'IOULEURI.
Un.	One.	oueun.
Deux.	Two.	tou.
Trois.	Three.	thrî.
Quatre.	Four.	fôr.
Cinq.	Five.	faiv.
Six.	Six.	sics.
Sept.	Seven.	sev'n.
Huit.	Eight.	ét.
Neuf.	Nine.	naïn.
Dix.	Ten.	ten.
Onze.	Eleven.	elev'n.
Douze.	Twelve.	touelv.
Treize.	Thirteen.	*th*eur'tîn.
Quatorze.	Fourteen.	four'tîn.
Quinze.	Fifteen.	fif'tîn.
Seize.	Sixteen.	sics'tîn.
Dix-sept.	Seventeen.	sev'ntîn.
Dix-huit.	Eighteen.	étîn.
Dix-neuf.	Nineteen.	naïn'tîn.
Vingt.	Twenty.	touen'ti.
Vingt et un.	Twenty-one.	touen'ti-oueun.
Vingt-deux.	Twenty-two.	touen'ti-tou.
Vingt-trois.	Twenty-three.	touen'ti-*th*rî.
Vingt-quatre.	Twenty-four.	touen'ti-fôr.
Vingt-cinq.	Twenty-five.	touen'ti-faiv.
Vingt-six.	Twenty-six.	touen'ti-sics.
Vingt-sept.	Twenty-seven.	touen'ti-sev'n.
Vingt-huit.	Twenty-eight.	touen'ti-ét.
Vingt-neuf.	Twenty-nine.	touen'ti-naïn.
Trente.	Thirty.	*th*eur'ti.
Trente et un.	Thirty-one.	*th*eur'ti-oueun.
Trente-deux, etc.	Thirty-two, etc.	*th*eur'ti-tou, etc.
Quarante.	Forty.	for'ti.

Cinquante.	Fifty.	fif'ti.
Soixante.	Sixty.	sics'ti.
Soixante-dix.	Seventy.	sev'nti.
Soixante et onze.	Seventy-one.	sev'nti-oueun.
Soixante-douze.	Seventy-two.	sev'nti-tou.
Quatre-vingts.	Eighty.	eti.
Quatre-vingt-dix.	Ninety.	nain'ti.
Quatre-vingt-onze.	Ninety-one.	nain'ti-oueun.
Quatre-vingt-douze.	Ninety-two.	nain'ti-tou.
Cent.	A hundred.	é heun'dred.
Cent un.	A hundred and one.	é heun'dred and oueun.
Cent deux, etc.	A hundred and two, etc.	é heun'dred and tou, etc.
Deux cents.	Two hundred.	tou heun'dred.
Trois cents, etc.	Three hundred, etc.	*thr*i heun'dred, etc.
Mille.	A thousand.	é *th*aou'zand, etc.
Deux mille, etc.	Two thousand, etc.	tou *th*aou'zand.
Dix mille.	Ten thousand.	ten *th*aou'zand.
Cent mille.	A hundred thousand.	e heun'dred *th*aou'zand.
Un million.	A million, one million.	é mil'yeun, oueun mil'-yeun.

NOMBRES ORDINAUX.	ORDINAL NUMBERS.	CARDINAL NEUM'BEURZ.
Premier.	First.	feurst.
Second.	Second.	sec'eund.
Troisième.	Third.	*th*eurd.
Quatrième.	Fourth.	fôr*th*.
Cinquième.	Fifth.	fif*th*.
Sixième.	Sixth.	sics*th*.
Septième.	Seventh.	sev'n*th*.
Huitième.	Eighth.	ét*th*.
Neuvième.	Ninth.	nain*th*.
Dixième.	Tenth.	ten*th*.
Onzième.	Eleventh.	elev'n*th*.
Douzième.	Twelfth.	touelf*th*.
Treizième.	Thirteenth.	*th*eur'tîn*th*.
Quatorzième.	Fourteenth.	fôr'tîn*th*.
Quinzième.	Fifteenth.	fif'tîn*th*
Seizième.	Sixteenth.	sics'tîn*th*.
Dix-septième.	Seventeenth.	sev'ntîn*th*.
Dix-huitième.	Eighteenth.	é'tîn*th*.
Dix-neuvième.	Nineteenth.	naïn'tîn*th*.

Vingtième.	Twentieth.	twen'ti*th*.
Vingt-unième.	Twenty-first.	twen'ti-feurst.
Vingt-deuxième.	Twenty-second.	twen'ti-sek'eund.
Vingt-troisième.	Twenty-third.	twen'ti-*th*eurd.
Vingt-quatrième, etc.	Twenty-fourth, etc.	twen'ti-fòr*th*, etc.
Trentième.	Thirtieth.	*th*eur'ti*th*.
Quarantième.	Fortieth.	for'ti*th*.
Cinquantième.	Fiftieth.	fif'ti*th*.
Soixantième.	Sixtieth.	sics'li*th*.
Soixante-dixième.	Seventieth.	sev'nti*th*.
Quatre-vingtième.	Eightieth.	éti*th*.
Quatre-vingt-dixième.	Ninetieth.	nainti*th*.
Centième.	Hundredth.	heun'dred*th*.
Cent-unième.	Hundred and first.	heun'dred and feurst.
Cent-deuxième, etc.	Hundred and second, etc.	heun'dred and sek'eund, etc.
Deux-centième, etc.	Two hundredth, etc.	tou heun'dred*th*, etc.
Millième, etc.	Thousandth, etc.	*th*aouzand*th*, etc.
Millionième.	Millionth.	mil'yeun*th*.

FRACTIONS.	FRACTIONS.	FRAC'CHEUNZ.
Moitié.	Half.	haf.
Tiers.	Third.	*th*eurd.
Quart.	Quarter, fourth.	couor'leur, fòr*th*.
Cinquième.	Fifth.	fif*th*.
Sixième, etc.	Sixth, etc.	sics*th*, etc.

NOMBRES MULTIPLES.	MULTIPLE NUMBERS	OR'DINAL NEUM'BEURZ
Double.	Double, twofold.	deub'b'l, tou'fòld.
Triple.	Treble, threefold.	treb'b'l, *th*rifòld.
Quadruple.	Fourfold.	fòr'fòld.
Quintuple.	Fivefold.	faiv'fòld.
Sextuple.	Sixfold.	sics'fòld.
Septuple.	Sevenfold.	sev'nfòld.
Huit fois.	Eightfold.	ét'fòld.
Neuf fois.	Ninefold.	nain'fòld.
Décuple.	Tenfold.	ten'fòld.
Onze fois, etc.	Elevenfold, etc.	elev'nfòld, etc
Vingtuple.	Twentyfold.	ouen'tifòld.

Centuple.	Hundredfold.	heun'dredfóld.
Une fois.	Once.	oueunce.
Deux fois.	Twice.	touaïce.
Trois fois.	Thrice, three times.	*th*raïce, *th*rî taımz.
Quatre fois, etc.	Four times, etc.	fôr taımz.
Il a vécu quatre-vingt-quinze ans.	He has lived ninety-five years.	hi haz livd naïnti-faïv yîrz.
Elle est âgée de vingt-cinq ans.	She is five and twenty years old.	chi ız faïv and touen'ti yîrz ôld.
L'armée se compose de quatre-vingt-dix mille six cents hommes.	The army consists of ninety thousand six hundred men.	thî armi consists' ov naïnti *th*aou'zand sics heun'dred men.
Deux mille cinq cent trente-quatre hommes ont été tués dans cet engagement.	Two thousand five hundred and thirty-four men were killed in that engagement.	tou *th*aou'zand faıv hundred and *th*eurtı-fôr men ouer kıld ın that engédjment.
Cent hommes furent faits prisonniers.	A hundred men were taken prisoners.	é heun'dred men ouer tée'n priz'neurz.
Il y a dans ce village mille sept cents âmes.	There are in that village one thousand seven hundred souls.	ther ar ın that vil'ıj oueun*th* aouzand sev'n heun'dred sôlz.
Il y a mille cinq maisons dans notre paroisse.	There are one thousand and five houses in our parish.	ther are oueın *th*aouzand and faıv haouzız ın aour par'ıche.
Ce monument fut élevé il y a mille vingt-cinq ans.	This monument was erected one thousand and twenty five years ago.	this mon'ıoument ouoz ırec'ted oueun *th*aouzand and touen'ti-faıv yîrz agô.
La maison a duré cent six ans.	The house has lasted a hundred and six years.	thı haouce haz lasted é heun'dred and sics yîrz.
Votre lettre est datée du vingt-deux avril mil huit cent quarante-trois.	Your letter is dated April the twenty-second, one thousand eight hundred and forty-three.	your let'teur ız déted épril thı touen'tı-sek'eund, oueun *th*aouzand ét hun'dred and for'tı-thri.
Notre oncle arrivera le treize du mois prochain.	Our uncle will arrive on the thirteenth of next month.	aour eung'k'l ouil arraiv on thı *th*eur'tînth ov necst meun*th*.

Ce château fut construit sous le règne de Georges III.	That seat was built in the reign of George the third.	that sìt ouoz bilt in thi rén ov Djordj thi theúrd.
La longueur de cette rue est double de celle de l'autre.	The length of this street is double that of the other.	thi *length* ov this strît iz deub'b'l that ov thi euth'eur.
J'ai fait deux fois le tour de la ville à cheval.	I rode twice round the town.	aï rôd touaîce raound thi taôun.
Un tremblement de terre a détruit la moitié de la ville.	An earthquake has destroyed half the town.	an eur*th*'couék, haz distroïd hat thi taoùn.
Ce théâtre a été incendié trois fois.	That theatre has been burnt three times.	that *th*î'eteur haz bîn beurnt *thr*î taïmz.
Si vous cultivez votre terre sa valeur s'élèvera au centuple.	If you cultivate your ground its value will increase a hundredfold.	if you keul'tivét your graound its val'iou ouil incrîs é heun'-dredfôld.

LES SAISONS.	THE SEASONS.	THI SÎSEUNZ.
Le printemps.	Spring.	spring.
L'été.	Summer.	seum'eur.
L'automne.	Autumn.	âteum.
L'hiver.	Winter.	ouin'teur.

LES MOIS.	THE MONTHS.	THI MEUN*TH*S.
Janvier.	January.	djan'iouéri.
Février.	February.	feb'rouéri.
Mars.	March.	martche.
Avril.	April.	épriL
Mai.	May.	mé.
Juin.	June.	djioun.
Juillet.	July.	djioulaï'.
Août.	August.	â*g*eust.
Septembre.	September.	septem'beur.
Octobre.	October.	octô'beur.
Novembre.	November.	novem'beur.
Décembre.	December.	**decembeur.**

LES JOURS DE LA SEMAINE.	THE DAYS OF THE WEEK.	THI DÉZ OV THI OUÎK.
Dimanche.	Sunday.	seun'dé.
Lundi.	Monday.	meun'dé.
Mardi.	Tuesday.	tiouz'dé.
Mercredi.	Wednesday.	ouenz'dé.
Jeudi.	Thursday.	theurz'dé.
Vendredi.	Friday.	fraidé.
Samedi.	Saturday.	sat'eurdé.

FÊTES.	HOLIDAYS.	HOL'IDÉZ.
Le jour de l'an.	New year's day.	niou yirz dé.
Le jour des rois.	Twelfth night.	touelf*th* naït.
Les jours gras.	Shrovetide	chròv taïd.
Mercredi des cendres.	Ash Wednesday.	ache ouenzdé.
Vendredi saint.	Good Friday.	goud fraïdé.
Pâques.	Easter.	îsteur.
Pentecôte.	Whitsuntide.	ouit'seuntaïd.
La Saint-Jean.	Midsummer's day.	mid'seumeurz dé.
La Toussaint.	All Saints' day.	âl sénts dé.
Noël.	Christmas.	cris'meus.
Un mois.	A month.	é meun*th*.
Quinze jours, une quinzaine.	A fortnight.	é fort'naïte.
Huit jours, une semaine.	A week.	é ouik.
Aujourd'hui.	To-day.	tou-dé.
Hier.	Yesterday.	yes'teurdé.
Avant-hier	The day before yesterday.	thi dé bifór yes'teurdé.
Demain.	To-morrow.	tou-mor'rô.
Après-demain.	The day after to-morrow.	thi dé afteur tou-mor'rô.
Je passerai l'été en Italie.	I shall spend the summer in Italy.	aï chal spend thi seum'eur in It'ali.

Il reviendra à Paris l'hiver prochain.	He will return to Paris next winter.	hi ouil riteurn tou Par'is necst ouin'teur.
Je n'ai pas vu notre ami depuis le printemps dernier.	I have not seen our friend since last spring.	aï hav not sîn aour frend since last spring.
Nous avons eu un automne superbe cette année.	We have had a very fine autumn this year.	ouï hav had é ver'i faïn âteum this yîr.
Le musée sera ouvert le quinze mars.	The museum will be open on the fifteenth of March.	thi miouzîeum ouil bi ôp'n on thi fif'tinth of martch.
Nous viendrons vous voir dans quinze jours.	We shall come and see you in a fortnight.	ouï chal keum and si you in é fort'naït.
J'ai reçu une lettre de mon cousin avant-hier.	I received a letter from my cousin the day before yesterday.	aï ricivd é let'teur from maï keuz'n thi dé bifôr yes'teurde.
Il est venu me voir il y avait hier huit jours.	He came to see me a week ago yesterday.	hi kém tou si mi é ouîk agô yes'teurdé.
Nous avons été chez vous il y aura demain huit jours.	We went to your house a week ago to-morrow.	ùi ouent tou your haouce é ouîk agô tou-mor'rô.
Je lui rendrai sa visite de demain en huit.	I shall return his visit to-morrow week.	aï chal riteurn hiz viz'it tou-mor'rô ouîk.
Notre foire annuelle s'ouvrira de jeudi en quinze.	Our annual fair will open on Thursday fortnight.	aour an'nioual fer ouil ôp'n on theurzde fort'-naït.
Je vous écrirai mercredi si je ne puis pas aller vous voir vendredi.	I will write to you on Wednesday if I can't go and see you on Friday.	aï ouil raït tou you on ouenz'dé if aï cant gô and si you on fraï'dé.
J'aurai le plaisir de vous voir lundi ou mardi de la semaine prochaine.	I shall have the pleasure of seeing you next week on Monday or Tuesday.	aï chal hav the plej'eur ov sîing you necst ouîk on meun'dé or tiouz'dé.
Le maître d'armes viendra tous les lundis et jeudis.	The fencing-master will come every Monday and Thursday.	thé fen'cing mas'teur ouil keum ev'euri meun'dé and theurzdé.
C'est demain Noël.	To-morrow is Christmas-day.	tou-mor'rô iz Cris'meus dé.

Il faudra que je donne beaucoup d'étrennes.	I shall be obliged to give away a great many Christmas-boxes.	aï chal bi oblaïdjd tou giv éoué é grét men'i cris'meus-bocsiz.
Mon oncle viendra me voir le jour de l'an.	My uncle will come and see me on new year's day.	maï eung'k'l ouil keum and sî mî on niou yîrz dé.
Il nous apportera des étrennes.	He will bring us some new year's gifts.	hi ouil bring eus seum niou yîrz gifts.
Nous nous amuserons bien le jour des rois.	We shall enjoy ourselves very much on Twelfth night.	ouî chal enjoï' aourselvz vér'i meutch on touelf*th* naït.
Vous aurez des crêpes mardi gras.	You will have pancakes on Shrove Tuesday.	you ouil hav pan'kéks on chróv tiouz'dé.
Nous avons eu quelques jours de vacances à Pâques.	We had a few days' holidays at Easter.	ouî had é fiou déz holidéz at îs'teur.
J'irai à la campagne à la Pentecôte.	I shall go into the country at Whitsuntide.	aï chal go into thi keun'tri at ouit'seuntaïd.
Je vous écrirai la veille de mon départ.	I shall write to you the day before I leave.	aï chal raït tou you thi dé bifór aï lîv.
Il est venu chez moi le lendemain de son arrivée.	He came to my house the day after his arrival.	hi kém tou maï haouce thi dé afteur hiz 'arraïval.
Mon tuteur arrivera la semaine prochaine.	My guardian will arrive next week.	maï gar'dieun ouil arraïv necst ouîk.
J'aurai des nouvelles de mon père dans la quinzaine.	I shall hear from my father in the course of the next fortnight.	aï chal hîr from maï fa'theur in thi córse ov thi necst fort'naït.
Dans huit jours j'aurai fini la lecture de ce livre.	In a week's time I shall have finished reading this book.	in é ouîks taïm aï chal hav fin'icht rîding this bouk.

PREMIÈRE PARTIE.

FIRST PART.

PHRASES ÉLÉMENTAIRES.   ELEMENTARY PHRASES.

RENCONTRE.   MEETING.   MIT'ING.

Bonjour, monsieur.	Good morning, Sir.	goud morn'ing, seur.
Monsieur, je vous souhaite le bonjour.	Sir, good morning to you.	seur, goud morn'ing tou you.
J'ai l'honneur de vous souhaiter le bon jour.	I have the honour to wish you a good day.	aï hav thi hon'eur tou ouiche you é goud dé.
Comment vous portez-vous aujourd'hui ?	How do you do to-day?	haou dou you dou tou-dé.
J'espère que vous êtes en bonne santé.	I hope you are in good health.—I hope I see you well.	aï hôpe you ar in goud hel*th* — aï hôpe aï si you ouel.
Je me porte fort bien.	I am very well.	aï am ver'i ouel.
Très-bien, Dieu merci.	Very well, thank God.	veri ouel, thangk God.
Comment se porte monsieur votre père ?	How does your father do ?	haou deuz your fa'theur dou?
Il se porte très-bien, monsieur.	He is very well, Sir.	hi iz ver'i ouel, seur.
Comment se porte toute la famille ?	How does all the family do ?	haou deuz âl thi fam'ili dou?
Comment se porte-t-on chez vous ?	How do they all do at home ?	haou dô thé âl dou at hôm?
Et comment se porte madame votre mère ?	And how is your mother ?	and aou iz your meuth'eur?
Ma mère se porte un peu mieux aujourd'hui.	My mother is rather better to-day.	maï meuth'eur iz rath'eur bet'teur tou-de.
Elle se porte beaucoup mieux.	She is much better.	chi iz meutch bet'teur.

Elle se porte assez bien.	She is pretty well.	chi iz pret'ti ouel.
Elle se porte passablement bien.	She is tolerably well.	chi iz tol'eurebli ouel.
Elle se porte comme cela.	She is middling.	chi iz mid'ling.
Elle se porte tout doucement.	She is but indifferently well.	chi iz beut indif'feurentli ouel.
Elle ne se porte pas très-bien. — Elle ne se porte pas trop bien.	She is not very well. — She is not over well. — She is rather unwell.	chi iz not ver'i ouel. - chi iz not ôveur ouel. - chi iz rath'eur unouel.
Elle ne se porte pas bien.	She is not well. — She is poorly. — She is rather poorly.	chi iz not ouel. — chi iz pour'li. — chi iz rath'eur pourli.
Elle est indisposée.	She is indisposed.	chi iz indispôzd.
Elle est malade.	She is ill.	chi iz il.
Elle est bien malade.	She is very ill.	chi iz ver'i il.
Elle est dangereusement malade.	She is dangerously ill.	chi iz dén'jeureusli il.
Elle se porte très-mal.	She is extremely ill.	chi iz extrimli il.
Elle est bien mal.	She is very ill indeed.	chi iz ver'i il indîd.
Elle est très-bas.	She is very low.	chi iz ver'i lô.
Elle s'en va.	She is going.	chi iz gôing.
Elle est mourante. — Elle se meurt.	She is dying.	chi iz dai'ing.
Qu'a-t-elle? — Qu'est-ce qu'elle a?	What ails her? — What is the matter with her?	houot élz heur?—houot iz thi mat'teur with heur?
Elle a pris froid.	She has taken cold.	chi haz ték'n côld.
Elle est enrhumée.	She has a cold.	chi haz é côld.
Elle a un gros rhume. — Elle est fort enrhumée.	She has a violent cold.	chi haz é vaiolent côld.
Elle a la fièvre.	She is feverish.	chi iz fi'veuriche.
J'en suis bien fâché.	I am very sorry to hear it.	ai am ver'i sor'ri tou hîr it.
Depuis quand est-elle malade?	How long has she been ill?	haou long haz chi bîn il?

Depuis quand est-elle indisposée ?	How long has she been unwell.	haou long haz chi bin unouel'?
Je ne savais pas qu'elle fut malade.	I did not know that she was ill.	aï did not nô that chi ouoz il. [plént ?
Quel est son mal ?	What is her complaint?	houot iz heur keum-
Quelle est sa maladie ?	What is her illness ?	houot iz heur il'ness ?
Prend-elle quelque chose ?	Does she take any thing for it.	deuz chi ték en'i *thing* for it ?
Voit-elle quelqu'un ?	Does any one attend her ?	deuz en'i oueun attend' heur ?
Le médecin vient la voir tous les jours.	The doctor attends her every day.	thi doc'teur attendz heur ev'ri dé.
J'espère que cela ne sera rien.	I hope it will be nothing.	aï hôp it ouil bi neu*th*ing.
Il faut espérer que cela n'aura pas de suites.	It is to be hoped that it will have no bad consequence.	it iz tou bi hôpt that it ouil hav no bad con'sicouence.
Nous l'espérons.	We hope so.	oui hôpe so.
Le médecin assure que cela ne sera rien.	The doctor says that it will not be of any consequence.	thi doc'teur sez that it ouil not bi ov en'i con'sicouence.
Tant mieux.	So much the better.	so meutch thi bet'teur.
J'en suis bien aise.	I am very glad of it.	aï am ver'i glad ov it.
Mademoiselle votre sœur est-elle toujours malade ?	Is your sister still unwell ?	iz your sis'teur stil unouel'?
Est-elle encore indisposée ?	Is she still indisposed ?	iz chi stil indispôzd ?
Elle n'est pas encore entièrement guérie.	She is not quite well yet.	chi iz not couaït ouel yet.
Mais elle se porte beaucoup mieux.	But she is a great deal better.	beut chi iz é grét dîl bet'teur.
J'en suis bien charmé.	I am very happy to hear it.	aï am ver'i hap'pi tou hir it.
DÉPART.	**PARTING.**	**PART'ING.**
Il faut que je m'en aille.	I must go.	aï meust gô.
Il faut que je vous quitte.	I must leave you.	aï meust liv you.

Il faut nous quitter. — Il faut nous séparer.	We must part. — We must leave each other.	oui meust part. — oui meust liv itch euth'eur.
Il faut que je prenne congé de vous.	I must take my leave of you.	aï meust ték maï liv ov you.
Je vais prendre congé de vous.	I am going to take my leave of you.	aï am gôing tou tèk maï liv ov you.
Jusqu'à l'honneur de vous revoir.	Till I have the honour of seeing you again.	til aï hav thi hon'eur ov sîing you agen'.
Jusqu'au plaisir de vous revoir.	Till I have the pleasure of seeing you again.	til aï hav thi plej'eur ov sîing you agen'.
Au plaisir.	Good bye.	goud baï.
Tout à vous.	I am yours, with all my heart.	aï am yourz, with âl maï hart.
Adieu.	Farewell.—Adieu.	férouel. — adiou.
Jusqu'au revoir.	Till I see you again.	til aï si you agen'.
Sans adieu.—Je ne vous dis pas adieu.	To our next meeting.	tou aour necst mîting.
Votre serviteur.—Votre servante.	Your servant.	your seur'vant.
Votre très-humble serviteur.	Your very humble servant.	your ver'i heum'b'l seur'vant.
Je suis le vôtre.	I am yours.	aï am yourz.
Je suis bien votre serviteur.	I am your servant.	aï am your seur'vant.
Bonjour.	Good morning.	goud morn'ing.
Vous portez-vous bien?	Are you well?	ar you ouel?
Je vous souhaite le bonjour.	I wish you good morning.	aï ouiche you goud morn'ing.
Bonsoir.—Bonne nuit.	Good evening. — Good night.	goud îvning. — goud naït.
Je vous souhaite le bonsoir.	I wish you good evening.	aï ouiche you goud îvning.
La bonne nuit.	Good night.	goud naït.
Je vous souhaite une bonne nuit.	I wish you good night.	aï ouiche you goud naït.

Saluez monsieur votre frère de ma part.	My compliments to your brother.	maï com pliments tou your breuth'eur.
Faites mes amitiés à mademoiselle votre sœur.	Give my regards to your sister.	giv maï rigardz tou your sis'teūr.
Présentez mon respect à madame votre mère.	Present my respect to your mother.	prizent' maï rispects' tou your meuth'eur.
Présentez mes devoirs à madame votre tante.	Present my duty to your aunt.	prizent' maï diou'ti tou your ant.
Ne m'oubliez pas auprès de madame....	Give my kind regards to your lady.	giv maï kaind rigardz tou your lédi.
Dites bien des choses pour moi à madame votre nièce.	Remember me most kindly to your niece.	rimem'beur mi môst caindli tou your nîce.
Faites mes compliments chez vous.	Present my compliments to all at home.	prizent' maï com'pliments tou âl at hôme.
Je n'y manquerai pas.	I will, I will not fail.	aï ouil not fél.

DEMANDER ET REMERCIER.
ASKING AND THANKING.
ASK'ING AND *TH*ANGK'ING.

Avec votre permission.	By your leave.	baï your lïv.
Voulez-vous bien me permettre de....?	Will you give me leave to....?	ouil you giv mi lïv tou....?
Je vous prie.—De grâce.	Pray.	
Faites-moi le plaisir de....	Do me the favour to....	pré dou mi thi féveur tou...
Oserais-je vous prier de....?	Might I trouble you to....?	maït aï treub'b'l you tou....?
Voulez-vous avoir la bonté de....?	Will you have the goodness to....?	ouil you hav thi goud'ness tou....
Voulez-vous bien avoir la bonté de....?	Will you be so kind as to....?	ouil you bi so caïnd az tou....?
Voudriez-vous bien avoir la bonté de....?	Would you be kind enough to....?	ououd you bi caïnd ineuf' tou....?
J'ai une grâce à vous demander.	I have a favour to beg of you.	aï hav é féveur tou beg ov you.
J'aurais une prière à vous faire.	I would ask a favour of you.	aï ououd ask é féveur ov you.

J'ai une prière à vous faire.	I have a favour to beg of you.	aï hav é féveur tou beg ov you.
Puis-je vous demander une grâce ?	May I beg a favour of you ?	mé aï beg é féveur ov you?
Faites-moi un plaisir.	Do me a favour.	dou mi é féveur.
Accordez-moi cette faveur.	Grant me that favour.	grant mi that féveur.
Voulez-vous me faire un plaisir ?	Will you do me a favour?	ouil you dou mi é féveur ?
Voulez-vous me rendre un service ?	Will you render me a service ?	ouil you ren'deur mi é seur'vice ?
Vous pouvez me rendre un grand service.	You can render me a great service.	you can ren'deur mi é grét seur'vice.
Vous pourriez me rendre un très-grand service.	You could render me a very great service.	you coud ren'deur mi é ver'i grét seur'vice.
Je vous suis bien obligé.	I am much obliged to you.	aï am meutch oblaïdjd tou you.
Je vous suis infiniment obligé.	I am very much obliged to you.	aï am ver'i meutch oblaïdjd tou you.
Je vous suis bien redevable.	I am greatly indebted to you.	aï am grétli indet'ted tou you.
Je vous suis extrêmement redevable.	I am extremely indebted to you.	aï am ecstrìmli indet'ted tou you.
Je vous remercie infiniment. — Je vous remercie très-humblement.	I thank you most kindly.—I thank you most respectfully.	aï thangk you môst caindli. — aï thangk you môst rispect'fouli.
En vous remerciant.	I thank you.	aï thangk you.
Merci (vulg.).	Thank you.	thangk you.
Je vous serai bien obligé.	I shall be much obliged to you.	aï chal bi meutch oblaïdjd tou you.
Cela ne vaut pas la peine d'en parler.	It is not worth mentioning.	it iz not oueurth men'cheuning.
Vous me rendrez un grand service.	You will do me a great service.	you ouil dou mi é grét seur'vice.
Vous plaisantez.	You jest.	you djest.
Je vous donne bien de la peine.	I give you much trouble.	aï giv you meutch treub'b'l.

Je vous donne trop de peine.	I give you too much trouble.	aï giv you tou meutch treub'b'l.
Vous prenez bien de la peine.	You take a great deal of trouble.	you ték é grét dîl ov treub'b'l.
Vous vous donnez bien de la peine.	You give yourself a great deal of trouble.	you giv yourself é grét dîl ov treub'b'l.
Je suis fâché de vous donner tant de peine.	I am sorry to trouble you so much.	aï am sor'ri tou treub'b'l you so meutch.
Je suis honteux de la peine que je vous donne.	I am ashamed of the trouble I give you.	aï am achémd ov thi treub'b'l aï giv you.
La peine n'est rien.	No trouble at all.	no treub'b'l at âl.
N'en parlez pas, je vous prie.	I beg you will not mention it.	aï beg you ouil not men'cheun it.
Ne parlez pas de cela.	Don't mention that.	dônt men'cheun that.
Vous avez bien de la bonté.	You are very kind.	you ar ver'i caïnd.
Vous êtes bien honnête, monsieur.	You are very polite, sir.	you ar ver'i polaït, seur.

AFFIRMER ET NIER.	AFFIRMING AND DENYING.	AFFEURM'ING AND DINAÏ'NG.
Je vais vous dire.	I'll tell you what.	aï'l tel you houot.
Je vous assure que....	I assure you that....	aï achoure you that....
Je vous promets que....	I promise you that....	aï prom'is you that....
Je vous le garantis.	I warrant it.	aï ouor'rant it.
Je puis vous en assurer.	That I can assure you.	that aï can achoure you.
C'est ce que je puis vous assurer.	This is what I can assure you.	this iz houot aï can achoure you.
C'est ce que je puis vous dire.	This is what I can tell you.	this iz houot aï can tel you.
Comptez sur ce que je vous dis.	Rely upon what I tell you.	rilaï upon houot aï tel you.
Je vous jure que....	I'll swear that....	aï'l souèr that....
Je dis que oui.	I say it is.—I say yes.	aï sé it iz.— aï sé yes.

Je dis que non.	I say it is not.— I say not.	aï sé it iz not.—aï sé not.
Je soutiens que ...	I maintain that....	aï mentén that....
Je gage que oui.	I wager it is.	aï ouédjeur it iz.
Je gage que non.	I wager it is not.	aï ouédjeur it iz not.
Je le suppose.—Je suppose que oui.	I suppose so.	aï suppôz so.
Je suppose que non.	I suppose not.	aï suppôz not.
Je ne le suppose pas.	I don't suppose it is so.	aï dônt suppôz it iz so.
J'imagine que oui.	I fancy so.	aï fan'ci so.
J'imagine que non.	I fancy not.	aï fan'ci not.
Vous pouvez bien penser que....	You may suppose that...	you mé suppôz that....
Vous pensez bien que....	You easily conceive that....	you mé îzili consîv that....
Le pensez-vous ?	Do you think so ?	dou you thingk so ?
Je le pense.	I think so.	aï thingk so.
Je le pense aussi.	I think so too.	aï thingk so tou.
Je ne le pense pas.	I do not think so.	aï dou not thingk so.
Il faut que vous sachiez....,	You must know....	you meust nô....
Il est bon de vous dire....	I must tell you....	aï meust tel you....
J'ai quelque idée que....	I have a notion that....	aï hav é nôcheun that....
Je suis tenté de croire....	I am inclined to think....	aï am inclaïnd tou thingk
Je présume que oui.	I dare say it is so.	aï dèr sé it iz so.
Que voulez-vous dire ?	What do you mean ?	houot dou you mîn ?
Je ne sais ce que vous voulez dire.	I don't know what you mean.	aï dônt nô houot you mîn.
Est-il certain que.... ?	Is it certain that.... ?	iz it seur'tin that....?
Est-il vrai que.... ?	Is it true that.... ?	iz it trou that....?
Oui, cela est vrai.—Cela est certain.	Yes, it is true—it is certain.	yes, it iz trou — it iz seur'tin.
Cela n'est que trop vrai.	It is but too true.	it iz but tou trou.
C'est un fait.	It is a fact.	it iz é fact.
C'est un fait certain.	It is a certain fact.	it iz é seur'tin fact.
Êtes-vous sûr de ce que vous dites ?	Are you sure of what you say ?	ar you choure ov houot you sé ?

Croiriez-vous bien que....?	Would you believe that....?	ououd you biliv that...?
Je le croirais bien.	I could believe it.	aï coud biliv it.
Le croyez-vous?	Do you believe it?	dou you biliv it?
Je le crois.	I believe it.	aï biliv it.
Je le crois aussi.	I believe so too.	aï biliv so tou.
Je le crois bien.	That I believe.	that aï biliv.
Je n'en crois rien.	I do not believe any thing of it.	aï dou not biliv en'i thing ov it.
Je n'en crois pas un mot.	I don't believe a word of it.	aï dônt biliv é oueurd ov it.
Je crois que oui.	I think so.	aï thingk so.
Je crois que non.	I think not.	aï thingk not.
Je n'en doute pas.	I make no doubt of it.	aï mék no daout ov it?
En êtes-vous bien sûr?	Are you quite sure of it?	ar you couaït chour ov it
J'en suis sûr.	I am sure of it.	aï am chour ov it.
J'en suis certain.	I am certain of it.	aï am seur'tin ov it.
Rien de plus certain.	Nothing more certain.	neuth'ing môre seur'tin.
Rien n'est plus certain.	Nothing is more certain.	neuth'ing iz môre seurtin
Je vous en réponds.	I answer for it. — I will warrant it.	aïan'seur for it. — aï ouil ouor'rant it.
Je ne le crois pas.	I do not believe it.	aï dou not biliv it.
J'ai peine à le croire.	I can hardly believe it.	aï can hard'li biliv it.
Je vous crois.	I believe you.	aï biliv you.
Vous pouvez me croire.	You may believe me.	you mé biliv mi.
C'est fort douteux.	It is very doubtful.	it iz ver'i daout'foul.
Cela ne peut pas être vrai.	It cannot be true.	it can'not bi trou.
Il n'en est rien.	It is no such thing.	it iz no seutch thing.
Vous vous trompez.	You are mistaken.	you ar misték'n.
C'est une histoire.	It is a story.	it iz é stòri.
C'est une histoire faite à plaisir.	It is an invention.	it iz an inven'cheun.
Je vous donne ma parole que...	I give you my word that....	aï giv you maï oueurd that...
Je vous proteste que....	I protest that....	aï protest' that...
Sur mon honneur.	Upon my honour.	eupon' maï hon'eur.

— 48 —

Sur ma parole d'honneur.	Upon my word of honour.	eupon' maï oueurd ov hon'eur.
Ma parole d'honnête homme.	My word of an honest man.	maï oueurd ov an on'est man.
Je vous donne ma parole d'honneur.	I give you my word of honour.	aï giv you maï oueurd ov hon'eur.

EXPRESSIONS DE SURPRISE.	EXPRESSIONS OF SURPRISE.	EXPRÉCII'EUNZ OV SLURPRAIZ.
Quoi !	What !	houot!
Bon ! — Vraiment !	Good ! — You don't say so !	goud ! — you dônt sé sô !
En vérité !	Indeed !	indîd !
Oui-da !	Is it ! — Is it so !	iz it ! — iz it so !
Non !	No !	no !
Se peut-il ! — Est-il possible ! — Serait-il possible !	Is it possible !	iz it pos'sib'l!
Est-il bien possible !	Is it really possible .	iz it ri'eulli pos'sib'l!
Qui l'aurait cru ?	Who would have believed it ?	hou ououd hav bilîvd it?
Je ne l'aurais jamais soupçonné.	I should never have suspected it.	aï choud nev'eur hav seuspect'ed it.
Comment cela se peut-il ?	How can that be ?	haou can that bi?
Comment cela se peut-il faire ?	How is that possible ?	haou iz that pos'sib'l?
Cela est impossible.	That is impossible.	that iz impos'sib'l.
Impossible !	Impossible !	impos'sib'l.
Ce n'est pas possible.	It is not possible.	it iz not pos'sib'l.
Cela ne se peut pas.	That cannot be.	that can'not bi.
Je ne comprends pas comment....	I cannot think how....	aï can'not thingk haou....
J'en suis surpris.	I am surprised at it.	aï am seurpraïzd at it.
J'en suis bien étonné.	I am quite astonished at it.	aï am couaït aston'icht at it.
Cela me surprend.	That surprises me.	that seurpraïziz mi.
Vous me surprenez.	You surprise me.	you seurpraïz mi.
Vous m'étonnez.	You astonish me.	you aston'iche mi

Je ne m'en serais pas douté.	I should not have thought it	aï choud not hav thàt it.
Voilà qui me surprend.	That surprises me.	that seurpraïziz mi.
Cela m'étonne beaucoup.	That quite astonishes me.	that couaït aston'ichiz mi.
Je m'en étonne.	I wonder at it.	aï oueun'deur at it.
Ceci est bien étonnant!	This is quite astonishing.	this is couaït aston'iching.
C'est inconcevable.	It is inconceivable.	it iz inconcîveub'l.
C'est une chose inconcevable.	It is a thing not to be conceived.	it iz é thing not tou bi concîvd.
C'est incroyable.	It is incredible.	it iz incred'ib'l.
Cela est inoui.	It is unheard of.	it iz unheurd ov.
C'est une chose inouie.	It is a thing unheard of.	it iz é thing unheurd ov.
Cela est bien étrange!	That is very strange!	that iz ver'i stréndj!
Voici une chose étrange!	This is something strange!	this iz seum'thing stréndj.
Voilà une affaire bien étrange!	That is a strange sort of a business!	that iz é stréndj sort ov é biz'ness!

LA PROBABILITÉ.	PROBABILITY.	PROBEUBIL'ITI.
Cela est probable.	It is probable.	it iz prob'eub'l.
Cela est vraisemblable.	It is likely.	it iz laïkli.
Cela est assez vraisemblable.	It is likely enough.	it iz laïkli ineuf'.
Cela n'est pas improbable.	It is not improbable.— It is not unlikely.	it iz not improb'eub'l.— it iz not unlaïkli.
Cela n'est point du tout improbable.	It is not at all unlikely.	it iz not at âl unlaïkli.
Cela est très-probable.	It is very probable.	it iz ver'i prob'eub'l.
Cela est plus que probable.	It is more than probable.	it iz môre than prob'eub'l.
Rien n'est plus probable.	Nothing is more probable.	neuth'ing iz môre prob'eub'l.
Il n'y a rien d'impossible.	There is nothing impossible in it.	ther iz neuthing impos'sib'l in it.
Cela n'est pas impossible.	It is not impossible.	it iz not impos'sib'l.

4

Je n'y vois rien d'impossible.	I see nothing impossible in it.	aï si neuth'ing impos'sib'l in it.
Cela est très-possible.	It is very possible.	it iz veri pos'sib'l.
Cela se peut.	It may be so.	it mé bi so.
Cela se pourrait bien.— Cela pourrait bien être.	It might be so.	it maït bi so.
Je n'en suis pas étonné.	I am not astonished at it.	aï am not aston'icht at it.
Je n'en suis pas surpris.	I am not surprised at it.	aï am not seurpraïzd at it.
Cela ne m'étonne pas	That does not astonish me.	that deuz not aston'iche mi.
Cela ne me surprend pas.	That does not surprise me.	that deuz not seurpraïz mi.
Cela n'est pas étonnant.	It is not astonishing.	it iz not aston'iching.
Cela n'est pas surprenant.	It is not surprising.	it iz not seurpraizing.
Il n'y a rien d'étonnant. — Il n'y a rien de surprenant.	There is nothing surprising in it.	ther iz neuth'ing seurpraïzing in it.
On devait s'y attendre.	It was to be expected.	it ouoz tou bi expect'ed.
Vous ne m'étonnez pas.	You do not astonish me.	you dou not aston'iche mi.
Vous ne me surprenez pas.	You do not surprise me.	you dou not seurpraïz mi. [it.
Je ne m'en étonne pas.	I do not wonder at it.	aï dou not oueun'deur at
Je n'en serais pas étonné.	I should not wonder at it.	aï choud not oueundeur at it.
Cela ne me surprendrait pas.	It would not surprise me.	it ououd not seurpraïz mi.
Cela est naturel.	It is natural.	it iz natch'eural.
Naturellement.	Of course.	ov côrse.
Cela est tout simple.	No wonder.	no oueun'deur.
Cela va sans dire.	Of course. — It is of course. — It is a matter of course.	ov côrse.—it iz ov côrse. — it iz é mat'teur ov côrse.

Cela s'entend.	That is understood.	that iz eundeurstoud'.

L'AFFLICTION.   SORROW.   SOR'RO.

J'en suis fâché.	I am sorry for it.	aï am sor'ri for it.
J'en suis bien fâché.	I am very sorry for it.	aï am ver'i sor'ri for it.
J'en suis bien mortifié.	I am quite vexed at it.	aï am couait vext at it.
J'en suis on ne peut plus fâché.	I am extremely sorry for it.	aï am extrimli sor'ri for it.
J'en suis on ne peut plus mortifié.	I feel extremely mortified at it.	aï fîl mor'tifaid at it.
J'en suis inconsolable.	I am quite inconsolable at it.	aï am couait incon'soleub'l at it.
Cela me désespère.	It makes me quite unhappy.	it méks mi couait unhap'pi.
J'en suis désolé. — J'en suis désespéré. — J'en suis au désespoir.	I am quite vexed about it.—It vexes me beyond expression.	aï am couait vext abaout it. — it vexiz mi biyond exprech'eun.
Quel dommage !	What a pity !	houot é pit'i !
C'est bien dommage !	It is a great pity !	it iz é grét pit'i !
C'est grand dommage !	It is a very great pity !	it iz é ver'i grét pit'i !
Cela est bien fâcheux.	It is a sad thing.	it iz é sad *thing*.
Cela est bien triste.	It is a melancholy case.	it iz é mel'ankoli kéce.
Cela est bien contrariant.	It is quite vexing.	it iz couait vex'ing.
Cela est bien désagréable.	That is very disagreeable	that iz ver'i disagrîeub'l.
Cela est bien piquant.	It is very provoking.	it iz ver'i provók'ing.
Cela est bien dur.	It is very hard.	it iz ver'i hard.
Cela est bien cruel.	It is a cruel case.	it iz é crouel kéce.
Cela fait trembler.	It is shocking.	it iz chock'ing.
Cela est bien malheureux.	That is very unlucky, that is very unfortunate.	that iz ver'i unluck'i, that iz ver'i unfor'tchiounéte.

C'est un grand malheur.	It is a great misfortune.	it iz é misfor'tchioune.
Cela est terrible.	It is terrible.	it iz ter'rib'l.
Cela est épouvantable.	It is dreadful.	it iz dred'foul.
Cela fait dresser les cheveux sur la tête.	It makes one's hair stand on end.	it méks oueunz hèr stand on end.

LE REPROCHE. — BLAME. — BLÉM.

Fi !—Fi donc !	Fye !—For shame !	faï ! — For chéme !
N'avez-vous pas honte ?	Are you not ashamed ?	ar you not achémd ?
N'êtes-vous pas honteux ?	Are you not ashamed of yourself?	ar you not achémd ov yourself'.
Vous devriez être honteux.	You ought to be ashamed.	you ât tou bi achémd.
Vous me faites honte.	I am ashamed of you.	aï am achémd ov you.
Quelle honte !	What a shame !	houot é chéme !
C'est honteux.	It is a shame.—It is shameful.	it iz é chéme. — it iz chémfoul.
C'est une chose honteuse.	It is a shameful thing.	it iz é chémfoul *thing*.
Cela est bien mal.	It is very bad.—It is too bad.	it iz ver'i bad.—it iz tou bad.
Que cela est vilain !	How naughty it is !	haou nâti it iz.
Cela est bien méchant.	That is very wicked.	that iz ver'i ouick'ed.
C'est abominable.	It is abominable.	it iz abom'ineub'l.
Comment pouvez-vous être si méchant ?	How can you be so naughty ?	haou can you bi so nâti ?
Comment avez-vous pu faire cela ?	How could you do so ?	haou coud you dou so ?
Comment avez-vous fait cela ?	How came you to do so ?	haou kéme you tou dou so ?
Vous êtes bien méchant.	You are very bad.	you ar ver'i bad.
Pourquoi avez-vous fait cela ?	What did you do so for ?	houot did you dou so for ?
C'est très-mal de votre part.	It is very bad of you, it is very wrong of you.	it iz ver'i bad ov you; it iz ver'i rong ov you.

Cela est bien mal à vous.	That is very bad of you.	that iz ver'i bad ov you.
C'est être bien méchant.	This is very bad.	this iz ver'i bad.
Il faut être bien méchant.	One must be very naughty.	oueun meust bi ver'i nâti.
Vous êtes bien à blâmer.	You are very much to blame.	you ar ver'i meutch tou bleme.
Vous avez bien tort.	You are very wrong.	you ar ver'i rong.
Comment osez-vous faire cela ?	How dare you do so ?	haou dèr you dou so ?
Vous mettez ma patience à bout.	I have no patience with you.	aï hav no pécheunce ouith you.
La patience m'échappe.	My patience is tired out.	maï pécheunce iz taird aout.
Je ne suis pas content de vous.	I am not satisfied with you, I am not pleased with you.	aï am not sat'isfaïd ouith you, aï am not plïzd ouith you.
Je suis bien mécontent de vous.	I am quite dissatisfied with you.	aï am couaït dissat'isfaïd ouith you.
Je ne serai pas content.	I shall be dissatisfied.	aï chal bi dissat'isfaïd.
Je serai bien mécontent.	I shall be very angry.	aï chal bi ver'i ang'gri.
Tenez-vous tranquille.	Be quiet.	bi couaïet.
Finissez.	Have done.	hav deun.
Finissez, vous dis-je.	Have done, I say.	hav deun, aï sé.
Ne pouvez-vous pas vous tenir tranquille?	Can't you be still ?	cant you bi stil ?
Ne pouvez-vous pas vous tenir en repos?	Can't you be quiet ?	cant you bi couaïet ?
Je vous préviens que....	I tell you beforehand that....	aï tel you bifôrhand that....
Je vous avertis que....	I tell you that....	aï tel you that...
Je vous en avertis.	Mind what I say.	maind houot aï sé.
Je ne veux pas cela.	I won't have that.	aï ouônt hav that.
Je ne souffrirai pas cela.	I won't suffer that.	aï ouônt seuf'feur that.

Je le veux.	I will have it.	aï ouil hav it.
Je le veux absolument.	I insist upon it.	aï insist' eupon' it.
Prenez garde pour une autre fois.	Mind for another time.	maind for aneuth'eur taïm.
Je parle sérieusement.	I am in earnest.	aï am in eur'nest.
Ne le faites plus.	Don't do so any more.	dônt dou so en'i môre.
N'y retombez pas davantage.	You must not do so any more.	you meust not dou so en'i môre.
Point d'impertinence.	Don't be impertinent.	dônt bi impeur'tinent.
Silence.	Silence.	saïlence.
Paix.	Hold your peace.	hôld your pîce.
Taisez-vous.	Hold your tongue.	hôld your teung.
Voulez-vous vous taire ?	Will you hold your tongue ?	ouil you hôld your teung ?
Point de raisonnements.	No answers.	no an'seurz.
Ne répliquez pas.	Do not reply.	dou not riplaï.
Retirez-vous de devant mes yeux.	Get out of my sight.	get aout ov maï saït.

LA COLÈRE.   ANGER.   ANG'GUEUR.

Je suis bien en colère.	I am very angry.	aï am ver'i ang'gri.
Je ne suis pas de bonne humeur.	I am not in a good humour.	aï am not in é goud iou'meur'.
Je suis de mauvaise humeur.	I am in a bad humour, I am out of humour.	aï am aout ov iou'meur.
Je suis d'une humeur affreuse.	I am in a dreadful humour, I am very cross.	aï am in é dred'foul iou-meur, aï am ver'i cross.
Je suis d'une humeur qui ne se conçoit pas.	I am quite out of humour.	aï am couaït aout ov iou'meur.
Je suis piqué.	I am hurt.	aï am heurt.
Je suis bien piqué.	I am quite hurt.	aï am couaït heurt.
Je suis piqué jusqu'au vif.	I am stung to the quick.	aï am steung tou the couick.

Je suis piqué au dernier point.	I am quite stung.	aï am couaït steung.
Je suis outré.	I am quite provoked. — I am quite exasperated.	aï am couaït provôkt. — aï am couaït egzas'peuréted.
Je suis hors des gonds.	I am unhinged.	aï am eunhindjd'.
Vous me voyez d'une colère inconcevable.	You see me quite in a passion.	you si mi couaït in é pach'eun.
Je suis d'une colère épouvantable.	I am in a terrible passion.	aï am in é ter'rib'l pach'eun.
J'en suis furieux.	It makes me quite mad.	it méks mi couaït mad.
Je ne me possède pas de colère.	I cannot contain myself for anger.	aï can'not contén maïself for ang'geur.

LA JOIE. — JOY. — DJOI.

Je suis bien aise. — Je suis bien content.	I am glad. — I am very glad.	aï am glad. — aï am ver'i glad.
Je suis charmé. — Je suis enchanté. — Je suis ravi.	I am very happy. — I am delighted. — In raptures.	aï am ver'i hap'pi. — aï am dilaited. — in rap'cheurz.
Je suis bien enchanté. — Je suis bien charmé.	I am extremely happy.	aï am extrîmli hap'pi.
J'en suis fort aise.	I am very glad of it.	aï am ver'i glad ov it.
J'en suis enchanté. — J'en suis bien charmé.	I am extremely glad of it.	aï am extrîmli glad ov it.
J'en ai bien de la joie.	It gives me great joy.	it givz mi grét djoï.
J'en ressens la plus grande satisfaction.	It makes me very happy to hear it.	it méks mi ver'i hap'pi tou hîr it.
J'en ai une joie infinie.	It gives me a great deal of joy.	it givz mi é grét dîl ov djoï.
Cela me fait le plus grand plaisir.	It gives me the greatest pleasure.	it givz mi thi grétest pléj'eur.
Que je suis heureux !	How happy I am !	haou hap'pi aï am !

J'en suis au comble de la joie.	I am overjoyed at it.	aï am óveurdjoïd at it.
Je vous félicite.	I give you joy. — I wish you joy.	aï *giv* you djoï. — aï ouiche you djoï.
Je vous félicite de tout mon cœur.	I give you joy with all my heart.	aï *giv* you djoï ouith âl maï hart.
Je vous en félicite bien sincèrement.	I sincerely give you joy.	aï sinsîrli giv you djoï.
Je vous fais mon compliment.	I congratulate you.	aï congratch'ioulét you.
Je vous en fais mon compliment.	I congratulate you on it.	aï congratch'ioulét you on it.
Voulez-vous bien recevoir mon compliment?	Will you give me leave to congratulate you?	ouil you *giv* mi liv to congratch'ioulét you.

CONSULTATION.   CONSULTING.   CONSULTING.

Que faire?	What is to be done?	houot iz tou bi deun?
Quel parti prendre?	What course is to be taken?	houot côrse iz tou bi ték'n?
Quel parti prendrons-nous?	What course shall we take?	houot côrse chal oui ték?
Quel parti avons-nous à prendre?	What course are we to take?	houot côrse ar oui tou ték?
Que ferons-nous?	What shall we do?	ouot chal oui dou?
Qu'avons-nous à faire?	What have we to do?	ouot hav oui tou dou?
Que devons-nous faire?	What are we to do?	ouot ar oui tou dou?
Que nous reste-t-il à faire?	What remains for us to do now?	ouot riménz for eus tou dou naou?
Voyons.	Let us see.	let eus si.
Il faut nous résoudre à quelque chose.	We must resolve upon something.	oui meust risolv eupon seum' *thing*.
Il faut prendre un parti.	We must take some course.	oui meust ték seum côrse.
Je suis bien embarrassé.	I am quite puzzled.	aï am eouaït peuz'z'ld.

Je ne sais que faire.	I don't know what to do. I am at a loss what to do.	aï dônt nô houot tou dou, aï am at é loss houot tou dou.
Je suis très-embarrassé.	I am quite at a loss.	aï am couaït at é loss.
Je suis dans un grand embarras.	I am in great embarrassment.	aï am in grét embar'rasment.
Nous voilà dans un grand embarras.	We are in a great perplexity.	ouï ar in é grét peurplex'iti.
Nous sommes dans un cas bien embarrassant.	We are in a very perplexing case.	ouï ar in é ver'i peurplex'ing kéce.
Cela est bien embarrassant.	This is very embarrassing.	this iz ver'i embar'rassing.
Je suis d'avis....	I think...., it is my opinion....	aï *thingk*...., it iz maï opin'yeun....
Ne croyez-vous pas....?	Don't you think....?	dônt you *thingk*....?
Si j'étais vous.	If I were you.	if aï wer you.
Si j'étais à votre place.	If I were in your place.	if aï wer in your pléce.
Je vous conseille....	I advise you....	aï advaïz you....
Je vous conseillerais....	I should advise you....	aï choud advaïz you....
Mon avis est que....	I am of opinion that....	aï am ov opin'yeun that.
Si vous m'en croyez.	If you take my advice.	if you ték maï advaïce.
Je pense à une chose.	I am thinking of one thing.	aï am *thingking* ov oueun *thing*.
Il me vient une idée.	An idea strikes me, a thought strikes me.	an aïdïa straïks mi, é *thât* straïks mi.
J'ai pensé à une chose.	I have been thinking of one thing.	aï hav bin *thingking* of oueun *thing*.
Il m'est venu une pensée.	A thought has struck me.	e *thât* az streuc mi.
Il m'est venu une idée.	An idea has struck me.	an aïdïa haz struc mi.
Laissez-moi faire.	Let me alone for that, leave that to me.	let mi alône for that, liv that tou mi.
Faisons une chose.	Let us do one thing.	let eus dou oueun *thing*.

J'ai changé d'avis.	I have altered my opinion.	aï hav ol'teurd maï opin'yeun. [maïnd.
Je me suis ravisé.	I have altered my mind.	aï hav ol'teurd maï
Faisons autrement.	Let us do otherwise.	let eus dou euth'eurouaiz. [else.
Faisons autre chose.	Let us do something else.	let eus dou seum'thing
Prenons-nous y autrement.	Let us go another way to work.	let eus gô aneuth'eur oué tou oueurk.
Que dites-vous de cela ?	What do you say to that ?	houot dou you sé tou that ?
Qu'en dites-vous ?	What do you say about it ?	houot dou you sé abaout it?
Qu'en pensez-vous ?	What do you think of it ?	houot dou you thingk ov it?
Je pense comme vous.	I think as you do.	aï thingk az you dou.
C'est très-bien pensé.	It is very well thought.	it iz ver'i ouel thât.
C'est très-bien imaginé.	It is very well imagined.	it iz ver'i ouel imadj'ind.
Voilà une bonne pensée.	That is a good thought.	that iz é goud thât.
Voilà une excellente idée.	That is a very good idea.	that iz é ver'i goud aïdia.
Je suis de votre avis.	I am of your opinion.	aï am ov your opin'yeun.
Faisons cela.	Let us do that.	let eus dou that.
Faisons-le.	Let us do so.	let eus dou so.
C'est le meilleur parti.	It is the best way.	it iz thi best oué.
J'aimerais mieux....	I would rather....	aï ououd rath'eur....
Il vaut mieux....	It is better....	it iz bet'teur....
Ne vaudrait-il pas mieux.... ?	Would it not be better.... ?	ououd it not bi bet'teur....?
C'est le mieux que nous puissions faire.	It is the best thing we can do.	it iz thi best thing oui can dou.
C'est ce que nous avons de mieux à faire.	It is the best thing we can do.	it iz thi best thing oui can dou.
C'est la seule chose qui nous reste à faire.	It is the only thing we have to do.	it iz thi ônli thing oui hav tou dou.
C'est le seul parti que nous ayons à prendre.	That is the only course we can take.	that iz thi ônli côrse oui can ték.

BOIRE ET MANGER.	EATING AND DRINKING.	ÎTING AND DRING'KING.
Avez-vous faim ?	Are you hungry ?	ar you heung'gri ?
L'appétit me vient.	I am getting an appetite, I begin to feel hungry.	aï am get'ting an ap'pitait, aï am begin'ning tou fîl heung'gri.
J'ai bon appétit.	I have a good appetite.	aï hav e goud ap'pitaït.
J'ai faim.	I am hungry.	aï am heung'gri.
J'ai bien faim.	I am very hungry.	aï am ver'i heung'gri.
Je mangerais bien un morceau.	I could eat a bit of something.	aï coud ît é bit ov seum'thing.
Mangez quelque chose.	Eat something.	ît seum'thing.
Que mangerez-vous ?	What will you eat ?	houet ouil you ît ?
Que voulez-vous manger ?	What should you like to eat ?	houot choud you laïk tou ît ?
Que désirez-vous manger ?	What do you wish to eat ?	houot dou you ouiche tou ît ?
Je mangerai la première chose venue.	I will eat any thing.	aï ouil ît en'i thing.
Vous ne mangez pas.	You don't eat.	you dônt ît.
Vous ne mangez rien.	You don't eat any thing ?	you dônt ît en'i tuing.
Je vous demande pardon, je mange très-bien.	I beg your pardon, I eat very well.	aï beg your par'd'n, aï ît ver'i ouel.
J'ai très-bien mangé.	I have done very well, I have eaten heartily.	aï hav deun ver'i ouel, aï hav ît'n har'tili.
J'ai dîné d'un bon appétit.	I have dined with a good appetite.	aï hav daïnd ouith é goud ap'pitaït.
Mangez encore un morceau.	Eat another piece.	ît aneuth'eur pîce.
Je ne prendrai plus rien.	I cannot take any thing more.	aï can'not têk en'i thing môre.
Avez-vous soif ?	Are you dry ? (Vulg.)	ar you draï ?
N'avez-vous pas soif ?	Are you not thirsty ?	ar you not theurs'ti ?
J'ai soif.	I am thirsty.	aï am theurs'ti.

J'ai bien soif.	I am very thirsty.	aï am ver'i *th*eurs'ti.
Je suis fort altéré.	I am very dry.	aï am ver'i draï.
Je meurs de soif.	I am dying with thirst.	aï am daïng ouith *th*eurst.
Buvons.	Let us drink.	let eus dringk.
Que voulez-vous boire ?	What will you drink ?	houot ouil you dringk?
Donnez-moi à boire.	Give me something to drink.	giv mi seum'*th*ing tou dringk.
Prenez un verre de vin.	Take a glass of wine.	ték é glass ov ouaïn.
Voulez-vous prendre un verre de vin ?	Will you take a glass of wine.	ouil you ték é glass ov ouaïn?
Je boirais bien un verre de porter.	I could drink a glass of porter.	aï coud dringk é glass ov pôr'teur.
Prenez un verre de bière.	Take a glass of beer.	ték é glass ov bir.
Buvez encore un verre de vin.	Drink another glass of wine.	dringk aneuth'eur glass ov ouaïn.
Monsieur, je bois à votre santé.	Sir, your very good health.	seur, your ver'i goud hel*th*.
J'ai l'honneur de boire à votre santé.	I drink your good health.	aï dringk your goud hel*th*.

NOUVELLES.	NEWS.	NIOUZ.
Y a-t-il des nouvelles aujourd'hui ?	Is there any news to-day ?	iz ther en'i niouz toudé?
Y a-t-il quelque chose de nouveau ?	Is there any thing new ?	iz ther en'i *th*ing niou?
Savez-vous quelque chose de nouveau ?	Do you know any thing new ?	dou you nô en'i *th*ing niou?
Savez-vous des nouvelles ?	Do you know any news ?	dou you nô en'i niouz?
Que dit-on de bon ?	What is the best news ?	houot iz thi best niouz?
Que dit-on de nouveau ?	What news is there ?	houot niouz iz ther?
Quelles nouvelles nous apprendrez-vous ?	What news can you tell us ?	houot niouz can you tel eus?
Avez-vous quelque chose à nous apprendre ?	Have you any thing to tell us ?	hav you en'i *th*ing tou tel eus?

N'avez-vous entendu parler de rien ?	Have you not heard of any thing ?	hav you not heurd ov en'i *thing?*
Que dit-on dans la ville ?	What is the talk about town ?	houot iz thi tâk abaout taoune ?
Que dit-on de votre côté ?	What is the news in your quarter ?	houot iz thi niouz in your couor'teur?
Je ne sais rien de nouveau.	I know nothing new.	ai nô neu*th'*ing niou.
Il n'y a rien de nouveau.	There is nothing new.	ther iz neu*th'*ing niou.
Il n'y a point de nouvelles.	There is no news.	ther iz no niouz.
Je ne sais point de nouvelles.	I know no news.	ai nô no niouz.
Je n'ai entendu parler de rien.	I have not heard of any thing.	ai hav not heurd ov en'i *thing.*
On ne parle de rien.	There is no talk of any thing.	ther iz no'tâk ov en'i*th*ing.
Il y a de bonnes nouvelles.	There is good news.	ther iz goud niouz.
Les nouvelles sont bonnes.	The news is good.	thi niouz iz goud.
Il y a de mauvaises nouvelles.	There is bad news.	ther iz bad niouz.
Les nouvelles sont bien mauvaises.	The news is very bad.	thi niouz iz ver'i bad.
Voilà une bonne nouvelle.	This is very good news	this iz ver'i goud niouz.
Voilà une triste nouvelle.	This is very bad news.	this iz ver'i bad niouz.
J'ai entendu dire que....	I have heard that ...	ai hav heurd that....
Je n'ai pas entendu parler de cela.	I have not heard speak of that.	ai hav not heurd spik ov that.
Avez-vous lu les journaux ?	Did you read the papers ?	did you rid thi pépeurz.
Que disent les journaux ?	What do the papers say ?	houot dou thi pépeurz se?
Je n'ai lu aucun journal aujourd'hui.	I have read no paper to-day.	ai hav red no pépeur tou-de.

Avez-vous vu cela dans quelque journal ?	Did you see that in any paper ?	did you si that in en'i pépeur?
Cela n'est mentionné que dans une lettre particulière.	It is only mentioned in a private letter.	it iz ónli men'cheund in é praivet let'teur.
Dit-on qui a reçu cette lettre ?	Do they say who received that letter ?	dou thé sé hou risivd that let'teur?
Oui ; on nomme la personne. C'est M. A***.	Yes; they name the person. It is Mr. A***.	yes; thé nem thi peur'seun. it iz mis'teur A.
On doute beaucoup de cette nouvelle.	They doubt this news very much.	thé daout thiz niouz ver'i meutch.
Cette nouvelle demande confirmation	This news wants confirmation.	this niouz ouonts confeurmécheun.

De qui tenez-vous cette nouvelle ?	Whence have you had this news ?	houence hav you had this niouz?
Comment le savez-vous ?	How do you know that?	haou dou you nó that?
Je tiens cette nouvelle de bonne part ?	I have had that news from good authority.	aï hav had that niouz from goud åthor'iti.
Je tiens cette nouvelle de bonne main.	I have had that news from good hands.	aï hav had that niouz from goud handz.
Je l'ai de la première source.	I have had it from the first hand.	aï hav had it from thi feurst hand.
Je vous nomme mon auteur.	I give you my author.	ai giv you mai åtheur.
Cette nouvelle ne s'est pas confirmée.	That news has not been confirmed.	that niouz haz not bin confeurmd.
Ce bruit s'est trouvé faux.	That report has proved false.	that riport haz prouvd fålse.
On ne parle plus de cette nouvelle.	This news is no longer talked of.	this niouz iz no long'geur tåkt ov.
Parle-t-on toujours de guerre ?	Do they still talk of war ?	dou thé stil tåk ov ouor ?
Croit-on que nous ayons la paix ?	Do they think we shall have peace ?	dou thé thingk oui chal hav pice.
Ce n'est pas probable.	It is not likely.	it iz laikli.
Avez-vous reçu des nouvelles de votre frère ?	Have you heard from your brother ?	hav you heurd from your breuth'eur ?

Y a-t-il longtemps que vous n'avez reçu des nouvelles de votre ami ?	Did you hear lately from your friend ?	did you hîr létli from your frend?
Combien y a-t-il qu'il ne vous a écrit ?	How long is it since he wrote to you ?	haou long iz it since hi rôte tou you ?
Il y a deux mois que je n'ai reçu de ses nouvelles.	I have not heard from him these two months.	aï hav not heurd from him thiz tou meun*th*s.
Il y a trois semaines qu'il n'a écrit.	He has not written for three weeks, he has not written these three weeks.	hi haz not rit't'n for *th*rî ouîks, hi haz not rit't'n thiz *th*rî ouîks.
J'attends une lettre de lui de jour en jour.	I expect a letter from him every day.	aï ecspect é let'teur from him ev'ri dé.

ALLER ET VENIR.	GOING AND COMING.	KEUM'ING AND GÔING.
Où allez-vous ?	Where are you going ?	houèr ar you gôing?
Où allez-vous par là ? — Où allez-vous comme cela ?	Where are you going this way ?	houèr ar you gôing this oué?
Je vais à la maison. — Je m'en vais chez nous.	I am going home	aï am gôing hôme.
J'allais chez vous. — Je m'en allais chez vous.	I was going to your house.	aï ouoz gôing tou your haouce.
D'où venez-vous ?	Whence do you come ?	houence dou you keum?
Je viens de chez mon frère.	I come from my brother's.	aï keum from maï breuth'eurz.
Je viens de l'église.	I come from church.	aï keum from tcheurtch.
Je sors de l'école.	I have just left the school.	aï hav djeust left thi scoul.
Voulez-vous venir avec moi ?	Will you come with me?	ouil you keum ouith mi?
Où voulez-vous aller ?	Where do you wish to go ?	houèr dou you ouiche tou gô?

Nous irons nous promener.	We will go for a walk.	oui ouil gô for é ouâk.
Nous irons faire un tour.	We will go and take a walk.	oui ouil gô and ték é ouâk.
Je le veux bien. — Volontiers.	With all my heart. — Willingly.	ouith âl maï hart. — ouil'lingli.
Par où irons-nous ? — De quel côté irons-nous ?	Which way shall we go ?	houitch oué chal oui gô ?
Nous irons du côté que vous voudrez. — Nous irons par où vous voudrez.	We will go which way you please.	oui ouil go houitch oué you plîz.
Allons au parc.	Let us go to the park.	let eus gô tou thi park.
Prenons votre frère en passant.	Let us take your brother in our way.	let eus ték your breuth'eur in aour oué.
Comme vous voudrez. — Comme il vous plaira.	As you please.	az you plîz.
M. B*** est-il à la maison ?	Is Mr. B*** at home.	iz mis'teur B. at hôme ?
Il vient de sortir.	He is just gone out.	hi iz djeust gon aout.
Il est sorti.	He is gone out.	hi iz gon aout.
Il n'est pas à la maison.	He is not at home.	hi iz not at hôme.
Pouvez-vous nous dire où il est allé ?	Can you tell us where he is gone ?	can you tel eus houèr hi iz gon ?
Je ne saurais vous le dire exactement.	I cannot tell you exactly.	aï can'not tel you egzact'li.
Je crois qu'il est allé voir sa sœur.	I think he is gone to see his sister.	aï *th*ingk hi iz gon tou si hiz sis'teur.
Savez-vous quand il reviendra ?	Do you know when he will return ?	dou you nô houen hi ouil riteurn?
Non : il n'a rien dit en s'en allant.	No : he said nothing when he went out.	no; hi sed neu*th*'ing houen hi ouent aout.
En ce cas-là, nous irons sans lui.	In that case, we must go without him.	in that kéce, oui meust go ouithaout' him.

FAIRE DES QUESTIONS ET RÉPONDRE.	ASKING QUESTIONS AND ANSWERING.	ASKING COUES'TCHEUNZ AND AN'SEURING.
Approchez, j'ai quelque chose à vous dire.	Here, I have something to tell you.	hîr aï hav seum'thing tou tel you.
J'ai un petit mot à vous dire.	I have a word to tell you.	aï hav é oueurd tou tel you.
Écoutez.	Hark ye.	hark yi.
Écoutez-moi.	Hear me.	hîr mi.
J'ai envie de vous parler.	I wish to speak with you.	aï ouiche tou spîk ouith you.
Qu'y a-t-il pour votre service? — Qu'est-ce qu'il y a pour votre service?	What is it? — What is your pleasure?	houot iz it? — houot iz your plej'eur?
C'est à vous que je parle.	I speak to you.	aï spîk tou you.
Ce n'est pas à vous que je parle.	I don't speak to you. — I am not speaking to you.	aï dônt spîk tou you. — aï am not spîking tou you.
Que dites-vous? — Qu'est-ce que vous dites?	What do you say? — What is it you say?	houot dou you sé? — houot iz it you sé?
Qu'avez-vous dit?	What did you say?	houot did you sé?
Je ne dis rien.	I say nothing.	aï sé neuth'ing.
Je n'ai rien dit.	I said nothing.	aï sed neuth'ing.
Je ne parle pas.	I don't speak.	aï dônt spîk.
Entendez-vous?	Do you hear?	dou you hîr?
M'entendez-vous?	Do you hear me?	dou you hîr mi?
Entendez-vous ce que je dis? — Me comprenez-vous?	Do you hear what I say? —Do you understand me	dou you hîr houot aï sé? — dou you eundeurstand' mi?
Je ne vous ai pas entendu, compris.	I did not hear you, understand you.	aï did not hîr you, eundeurstand' you.
Écoutez-moi.	Listen to me.	lis'n tou mi.
Vous ne m'écoutez pas.	You do not listen to me.	you dou not lis'n tou mi.
M'entendez-vous maintenant?	Do you hear me now?	dou you hîr mi naou?
Je vous entends fort bien.	I hear you very well.	aï hîr you ver'i ouel

Comprenez-vous ce que je dis ?	Do you understand what I say ?	dou you eundeurstand' houot aï sé?
Voulez-vous bien répéter ?	Will you be so kind as to repeat ?	ouil you bi so caind az tou ripît?
Voulez-vous avoir la bonté de répéter ?	Will you have the goodness to repeat ?	ouil you hav thi goud'nes tou ripît ? [ouel.
Je vous entends bien.	I understand you well.	aï eundeurstand' you
Pourquoi ne me repondez-vous pas ?	Why don't you answer me.	houaï dônt you an'seur mi.
Pourquoi ne répondez-vous pas ?	Why don't you answer ?	houaï dônt you an'seur?
Ne parlez-vous pas français ?	Don't you speak french ?	dònt you spik frentch ?
Bien peu, monsieur.	Very little, Sir.	ver'i lit't'l, seur.
Je l'entends un peu, mais je ne le parle pas.	I understand it a little, but I cannot speak it.	aï eundeurstand it é lit't'l, beut aï can'not spik it.
Parlez plus haut.	Speak louder.	spik laoud'eur.
Ne parlez pas si haut.	Do not speak so loud.	dou not spik so laoud.
Ne faites point tant de bruit.	Don't make so much noise.	dònt mek so meutch noize.
Taisez-vous.	Hold your tongue.	hôld your teung.
Ne m'avez-vous pas dit que.... ?	Did you not tell me that.... ?	did you not tel mi that....?
Qui vous a dit cela ? — Qui est-ce qui vous a dit cela ?	Who told you so ?	hou tôld you so?
On me l'a dit.	I have been told so.	aï hav bîn tôld so.
Quelqu'un me l'a dit.	Somebody told me so.	seum'bodi tôld mi so.
Je l'ai entendu dire.	I heard it.	aï heurd it.
Que voulez-vous dire ?	What do you mean ?	houot dou you mîn?
Que voulez-vous dire par là ?	What do you mean by that ?	houot dou you mîn bai that?
Qu'est-ce que cela veut dire ?	What is the meaning of that ?	houot iz thi mîning ov that?
A quoi cela est-il bon ? — A quoi cela sert-il ?	What is that good for ? —What is the use of it?	houot iz that goud for? —houot iz thi iouce ov
Qu'est-ce que cela ? — Qu'est-ce que c'est cela ?	What is that ?	houot iz that? [it?

Comment appelez-vous cela ?	What do you call that ?	houot dou you càl that?
Comment cela s'appelle-t-il ?	What's the name of that ?	houot's thi ném ov that?
On appelle cela....	It is called....	it iz câld....
Cela s'appelle....	That is called....	that iz câld....
C'est ce qu'on nomme....	This is what is called....	this iz houot iz câld....
Puis-je vous demander ?	May I ask you ?	mé aï ask you?
Oserais-je vous demander ?	Shall I make bold to ask you ?	chal aï mék bôld tou ask you?
Peut-on vous demander?	May one ask you ?	mé oueun ask you?
Oserais-je vous prier de....?	Shall I trouble you to....?	chal aï treub'b'l you tou....?
Que désirez-vous ? — Que souhaitez-vous ?	What do you wish to have ?	houot dou you ouche to hav ?
Connaissez-vous M. A***?	Do you know Mr. A***?	dou you nô mis'teur A***?
Je le connais de vue.	I know him by sight.	aï nô him baï saït.
Je le connais de nom.	I know him by name.	aï nô him baï ném.
Savez-vous que....?	Do you know that....?	dou you nô that....?
Je ne savais pas.	I did not know.	aï did not nô.
Je n'en sais rien.	I know nothing of it.	aï nô neuth'ing ov it.
Je n'en sais pas un mot.	I don't know a word of it.	aï dônt nô é oueurd ov it?
Pas que je sache.	Not that I know of.	not that aï nô ov.
Je n'ai point entendu parler de cela.	I have not heard of that.	aï hav not heurd ov it.
Je n'en ai pas entendu parler.	I have not heard of it.	aï hav not heurd ov that.

L'AGE.	AGE.	ÉDJ.
Quel âge avez-vous?	What is your age?	houot iz your édje?
Quel âge a monsieur votre frère ?	How old is your brother ?	haou ôld iz your breuth'eur?
J'ai douze ans.	I am twelve years old.	aï am touelve yîrz ôld.
J'ai dix ans et demi.	I am ten years and a half old.	aï am ten yîrz and é haf ôld.

J'ai bientôt quinze ans.	I am near fifteen.	aï am nîr fif'tîn.
J'aurai seize ans le mois prochain.	I shall be sixteen next month.	aï chal bi sixtîn next meunth.
J'ai eu treize ans la semaine passée.	I was thirteen last week.	aï ouoz *theurtîn* last ouîk.
J'aurai vingt ans à Noël prochain.	I shall be twenty next Christmas.	aï chal bi touen'ti next cris'meus.
Vous ne paraissez pas si âgé.	You do not look so old.	you dou not louk so ôld.
Vous paraissez plus âgé.	You look older.	you louk ôldeur.
Je vous croyais plus âgé.	I thought you were older.	aï *thàt* you ouer ôldeur.
Je ne vous croyais pas si âgé.	I did not think you were so old.	aï did not *thingk* you ouer so ôld.
Quel âge peut avoir votre oncle?	How old may your uncle be?	haou ôld mé your eungk'l bi?
Il peut avoir soixante ans.	He may be sixty years old.	hi me bi six'ti yîrz ôld.
Il a à peu près soixante ans.	He is about sixty.	hi iz abaout six'ti.
Il a plus de cinquante ans.	He is more than fifty; he is upwards of fifty.	hi iz môre than fif'ti; hi iz eupoueurdz ov fif'ti.
C'est un homme de cinquante et quelques années.	He is a man of fifty and upwards.	hi iz é man ov fif'ti and eup'oueurdz.
C'est un homme de soixante ans.	He is a man of sixty.	hi iz é man ov six'ti.
Il a soixante et quelques années.	He is sixty old.	hi iz six'ti ôld.
C'est un homme d'une soixantaine d'années.	He is about sixty years of age.	hi iz abaout six'ti yîrz ov édje.
Il peut avoir une soixantaine d'années.	He may be sixty years or thereabouts.	hi mé bi six'ti yîrz or thèrabaouts.
Il a plus de quatre-vingts ans.	He is above eighty years old.	hi iz abeuv éti yîrz ôld.
Il a au moins soixante et dix ans.	He is at least seventy years old.	hi iz at lìst sev'nti yîrz ôld.

C'est un grand âge.	It is a great age.	it izé grét édje.
Est-il si âgé que cela?	Is he so old?	iz hi so ôld?
A-t-il cet âge-là?	Is he of that age?	iz hi ov that édje.
Il commence à vieillir.	He begins to grow old.	hi biginz' tou grò old.
Il commence à tirer sur l'âge.	He begins to get in years.	hi biginz' tou get in yîrz.
Il se casse à vue d'œil.	He breaks very fast.	hi bréks ver'i fast.

L'HEURE. THE HOUR. THI AOUR.

Quelle heure est-il?	What o'clock is it?	houot o'cloc iz it?
Quelle heure est-il bien?	What o'clock may it be?	houot o'cloc mé it bi?
Dites-moi, je vous prie, quelle heure il est.	Pray tell me what it is o'clock?	pré tel mi houot it iz o'cloc.
Pouvez-vous me dire l'heure qu'il est?	Can you tell me what it is o'clock.	can you tel mi houot it iz o'cloc?
Il est une heure.	It is one o'clock.	it iz oueun o'cloc.
Il est une heure passée.	It is past one.	it iz past oueun.
Il est une heure sonnée.	It has struck one.	it haz streuc oueun.
Il est une heure et un quart.	It is a quarter past one.	it iz é couor'teur past oueun.
Il est une heure et demie.	It is half an hour past one or half past one.	it iz haf an aour past oueun, haf past oueun.
Il est deux heures moins un quart.	It wants a quarter to two; it is a quarter to two.	it ouonts é couor'teur tou tou; it iz é couorteur tou tou.
Il est deux heures moins dix minutes.	It wants ten minutes to two; it is ten minutes to two.	it ouonts ten min'its tou tou; it iz ten min'its tou tou.
Il n'est pas encore deux heures.	It is not yet two.	it iz not yet tou.
Midi n'est pas sonné.	It has not struck twelve.	it haz not streuc touelve.
Il n'est que midi.	It is but twelve o'clock.	it iz beut touelve o'cloc.
Il est midi.	It is twelve o'clock (in the day).—It is noon.	it iz touelve o'cloc (in thi dé).— it iz noun.

Il est minuit.	It is twelve o'clock (in the night). — It is midnight.	it iz touelve o'cloc (in thi naït). — it iz midnaït.
Il est près de trois heures. — Il va être trois heures.	It is almost three. — It is nearly three.	it iz olmôst *thrî*. — it iz nîrli *thrî*.
Il est trois heures juste.	It is upon the stroke of three.	it iz eupon thi strôc ov *thrî*.
Trois heures vont sonner.	It is going to strike three.	it iz gôing tou straïke *thrî*.
Vous allez entendre sonner trois heures.	You will hear the clock strike three.	you ouil hîr thi cloc straïke *thrî*.
Il est trois heures dix minutes.	It is ten minutes after three.	it iz ten min'its af'teur *thrî*.
Quatre heures viennent de sonner.	It has just struck four.	it haz djeust streuc fôr.
Il est quatre heures passées.	It is past four.	it iz past fôr.
Il est quatre heures vingt minutes.	It is twenty minutes past four.	it iz touen'ti min'its past fôr.
L'horloge va sonner.	The clock is going to strike.	thi cloc iz gôing tou straïke.
Voilà l'horloge qui sonne.	The clock strikes.	thi cloc straïks.
Il n'est pas tard.	It is not late.	it iz not lét.
Il est bien tard.	It is very late.	it iz ver'i lét.
Il est plus tard que je ne pensais.	It is later than I thought	it iz leteur than aï thât.
Je ne croyais pas qu'il fût si tard.	I did not think it was so late.	aï did not *th*ingk it ouoz so lét.
LE TEMPS.	THE WEATHER.	THI OUETH'EUR.
Quel temps fait-il?	How is the weather?	haou iz thi oueth'eur?
Quelle sorte de temps fait-il?	What sort of weather is it?	houot sort ov oueth'eur iz it?
Il fait mauvais temps.	It is bad weather.	it iz bad oueth'eur.
Il fait un temps couvert.	It is cloudy.	it iz claou'di.
Il fait un temps bien sombre.	It is very dull.	**it iz ver'i deul.**

Le temps est gris.	The weather is cloudy.	thi oueth'eur iz claou'di.
Il fait un temps affreux.	It is dreadful weather.	it iz dred'foul oueth'eur.
Il fait un temps abominable.	It is shocking bad weather.	it iz chok'ing bad oueth'eur.
Il fait beau temps.	It is fine weather.	it iz fain oueth'eur.
Il fait un temps charmant.	It is charming weather.	it iz tcharm'ing oueth'eur.
Il fait un temps superbe.	It is beautiful weather.	it iz biou'tifoul ouetheur.
Nous aurons une belle journée.	We shall have a fine day.	oui chal hav é faïn dé.
Il fait de la rosée.	It is dewy.	it iz diou'i.
Il fait du brouillard.	It is foggy.	it iz fog'gi.
Il fait un temps pluvieux.	It is rainy weather.	it iz réni oueth'eur.
Le temps est à la pluie.	It threatens to rain.	it *thret't'nz* tou réne.
Le ciel est pris de tous côtés.	The sky is overcast.	thi skaï iz òveurcast.
Le ciel se brouille.	The sky lowers.	thi skaï laou'eurz.
Le ciel se couvre.	The sky gets very cloudy.	thi skaï gets ver'i claoudi.
Le ciel se rembrunit.	The sky becomes very dark.	thi skaï bikeumz ver'i dark.
Le ciel se noircit.	The sky becomes very black.	thi skaï bikeumz ver'i blac.
Le soleil commence à se montrer.	The sun begins to break out.	thi seun biginz tou brék aout.
Le soleil se montre.	The sun breaks out.	thi seun bréks aout.
Le temps se rassure —se met au beau— se remet.	The weather settles.	thi ouetheur set't'lz.
Le temps commence à se remettre—à se rassurer.	The weather begins to settle.	thi oueth'eur biginz' tou set't'l.
Le temps a l'air de vouloir se mettre au beau.	The weather seems as if it would settle.	thi oueth'eur sîmz az if it ououd set't'l.

Il a l'air de vouloir faire beau temps.	It looks as if it would be fine weather.	it louks az if it ououd bi faïn oueth'eur.
Le temps est remis.	The weather is settled.	thi oueth'eur is set't'ld.
Il fait bien chaud.	It is very warm.	it iz ver'i ouorm.
Il fait une chaleur étouffante.	It is sultry hot.	it iz seul'tri hot.
Il fait bien doux.	It is very mild.	it iz ver'i maïld.
Il fait froid.	It is cold.	it iz côld.
Il fait terriblement froid.	It is terribly cold.	it iz ter'ribli côld.
Il fait un froid excessif.	It is excessively cold.	it iz exces'sivli côld.
Il fait un temps froid et humide.	It is raw weather.	it iz râ oueth'eur.
Il fait très-lourd.	It is very close.	it iz ver'i clôce.
Il pleut.—Il tombe de la pluie.	It rains.—It is raining.	it rénz. — it iz réning.
Il pleut bien fort.	It rains very fast.	it rénz ver'i fast.
Il pleut à verse.	It pours.—It showers.	it pôrz. —it chaou'eurz.
La pluie tombe à verse.	It is pouring.	it iz pôring.
Il tombe de la pluie à verse.	It rains as fast as it can pour.	it rénz az fast az it can pôr
Il a plu. — Il est tombé de la pluie.	It has rained.—It has been raining.	it haz rénd. — it haz bin réning.
Il va pleuvoir.	It is going to rain.	it iz gôing tou réne.
Je sens des gouttes de pluie.	I feel some drops of rain.	aï fîl seum drops ov réne.
Il tombe des gouttes de pluie.	There are some drops falling.	ther ar seum drops fâling.
Il grêle.—Il tombe de la grêle.	It hails—It is hailing.	it hélz. — it iz héling.

— 73 —

Il neige.—Il tombe de la neige.	It snows. — It is snowing.	it snôz. — it iz snôing.
Il a neigé.—Il est tombé de la neige.	It has snowed.—It has been snowing.	it haz snôd.— it haz bîn snôing.
Il neige à gros flocons.	It snows in great flakes.	it snôz in grét fléks.
Il gèle.	It freezes.	it frîziz.
Il a gelé.	It has frozen.	it haz frôz'n.
Il a gelé à glace.	It froze very hard, there is ice.	it frôz ver'i hard, ther iz aice.
Il gèle à pierre fendre.	It freezes extremely hard.	it frîziz extrimli hard.
Il a gelé blanc.—Il gèle blanc.	It is a white frost.—It rimes.	it iz é houaït frost. — it raimz.
Il fait du verglas.	It is a glazed frost.	it iz é glezd frost.
Il bruine.	It drizzles.	it driz'z'lz.
Le temps s'adoucit.	It is getting milder.	it iz get'ting mail'deur.
Le temps commence à s'adoucir.	It begins to get milder.	it biginz to get maïldeur.
Il dégèle. — Voici le dégel.	It thaws.—The frost is broken.	It thâz. — thi frost iz brôk'n.
Il fait bien du vent.	It is very windy.	it iz ver'i ouind'i.
Il fait grand vent.	The wind is very high.	thi ouind iz ver'i haï.
Il ne fait pas d'air.	There is no air stirring.	ther iz nô air steur'ring.
Il fait des éclairs.	It lightens.	it lait'nz.
Il a fait des éclairs toute la nuit.	It has lightened all night.	it haz lait'nd âl naït.
Il tonne.	It thunders.	it theun'deurs.
Le tonnerre gronde.	The thunder roars.	thi theund'eur rôrz.
J'entends le tonnerre.	I hear the thunder.	aï hîr thi theun'deur.
Le tonnerre est tombé. — La foudre est tombée.	The thunderbolt has fallen.	thi theun'deurbôlt haz fâl'n.
Il a tonné toute la journée.	It has thundered all day long.	it haz theun'deurd âl dé long.
Le temps est à l'orage.	The weather is stormy.	thi oueth'eur iz stor'mi.

Nous aurons de l'orage.	We shall have a storm.	oui chal hav é storm.
Le ciel commence à s'éclaircir.	The sky begins to clear up.	thi skaï biginz' tou clîr eup.
Le temps pourra se remettre.	The weather may hold up.	thi oueth'eur mé hold eup.
Le temps est bien inconstant.	The weather is very unsettled.	thi oueth'eur iz ver'i eunset't'ld.
Le temps est bien variable.	The weather is very changeable.	thi oueth'eur iz ver'i tchéndjeub'l.
Il fait bien de la crotte.	It is very dirty.	it iz ver'i deur'ti.
Il fait bien de la poussière.	It is very dusty.	it iz ver'i deus'ti.
Il fait bien glissant.	It is very slippery.	it iz ver'i slip'peuri.
Il fait bien mauvais à marcher.	It is very bad walking.	it iz ver'i bad ouâking.
Il fait jour.	It is daylight.	it iz délait.
Il fait sombre.	It is dark.	it iz dark.
Il fait nuit	It is night.	it iz nait.
Il fait une belle nuit.	It is a fine night.	it iz é faïn nait.
Il fait une nuit obscure.	It is a dark night.	it iz é dark naït.
Il fait clair de lune.	It is moonlight.	it iz moun'laït.
Croyez-vous qu'il fasse beau temps?	Do you think it will be fine weather?	dou you thingk it ouil bi faïn oueth'eur.
Je ne crois pas qu'il pleuve.	I do not think it will rain.	aï dou not thingk it ouil réne.
Je pense qu'il pleuvra.	I think it will rain.	aï thingk it ouil réne.
Il menace de pleuvoir.	It threatens to rain.	it thret'l'nz tou réne.
J'ai peur qu'il ne pleuve.	I am afraid it will rain.	aï am afréd it ouil réne.
J'ai peur que nous n'ayons de la pluie.	I am afraid we shall have some rain.	aï am afréd oui chal hav seum réne.
Je le crains.	I fear so.	aï fir so.
J'en ai peur	I am afraid we shall.	aï am afréd oui chal.

DEUXIÈME PARTIE.
SECOND PART.

DIALOGUES FACILES. / EASY DIALOGUES. / ÎZY DAIEULOGZ.

DIALOGUE I. — LA SALUTATION.
DIALOGUE I. — SALUTATION.
DAÏEULOG I. — SALIOUTECHEUN.

Bon jour, Monsieur.	Good morning, Sir.	goud morn'ing, seur.
Je vous souhaite le bon jour.	I wish you a good morning.	aï ouiche you é goud morn'ing.
Comment vous portez-vous ce matin?	How do you do this morning?	haou dou you dou this morn'ing?
L'état de votre santé?	How is it with your health?	haou iz it ouith your helth?
Comment va la santé?	How is your health?	haou iz your helth?
Votre santé est-elle bonne?	Do I see you in health?	dou aï si you in helth.
Votre santé est-elle toujours bonne?	Do you continue in good health?	dou you contin'iou in goud helth?
Assez bonne, et la vôtre?	Pretty good, and how is yours?	prét'ti goud, and haou iz yourz?
Vous portez-vous bien?	Do I see you well?	dou aï si you ouel?
Fort bien, et vous-même?	Very well, and how do you do?	veri ouel, and haou dou you dou?
Comment vous êtes-vous porté depuis que je n'ai eu le plaisir de vous voir?	How have you been since I had the pleasure of seeing you?	haou hav you bîn since aï had thi plej'eur ov sîing you?
J'espère que vous êtes en bonne santé.	I hope I see you well.	aï hôp aï si you ouel.
J'espère que je vous trouve en bonne santé.	I hope I find you in good health	aï hôp aï faind you in goud helth.

Vous avez bonne mine.	You are looking well.	you ar louk'ing ouel.
Je me porte à merveille.	I am perfectly well.	aï am peur'fectli ouel.
Le mieux du monde.	As well as can be.	az ouel az can bi.
Et vous, comment cela va-t-il ?	And how is it with you?	and haou iz it ouith you?
Assez bien, Dieu merci.	Pretty well, thank God.	pret'ti ouel thangk god.
A mon ordinaire.	As usual.	az ioujoual.
J'en suis bien aise.	I am glad of it.	aï am glad ov it.
Je suis ravi de vous voir en bonne santé.	I am very happy to see you well.	aï am ver'i hap'pi tou si you ouel.

DIALOGUE II.
LA VISITE.

DIALOGUE II.
VISIT.

DAÏEULOG II.
VIZ'IT.

On frappe.	There is a knock.	ther iz é noc.
Quelqu'un frappe.	Somebody knocks.	seum'bodi nocs.
Quelqu'un sonne.	Some one rings.	seum oueun ringz.
Allez voir qui c'est.	Go and see who it is.	gô and si hou it iz.
Allez ouvrir la porte.	Go and open the door.	go and óp'n thi dôr.
C'est madame B***.	It is Mrs. B***.	it iz mis'sis B***.
Je vous souhaite le bon jour.	Good morning to you.	goud morn'ing tou you.
Je suis bien aise de vous voir.	I am very glad to see you.	aï am ver'i glad tou si you.
Je suis charmé de vous voir.	I am very happy to see you.	aï am ver'i hap'pi tou si you.
Il y a un siècle que je ne vous ai vu.	I have not seen you this age.	aï hav not sîn you this edje.
C'est nouveauté que de vous voir.	It is a novelty to see you.	it iz é nov'lti tou si you.
Vous devenez rare comme les beaux jours.	You are quite a stranger.	you ar couaït é strén-djeur.
Asseyez-vous, je vous prie.	Pray be seated.	pré bi sited.

Faites-moi le plaisir de vous asseoir.	Do, pray, sit down.	dou, pré, sit daoun.
Ne voulez-vous pas vous asseoir?	Won't you sit down?	ouônt you sit daoun?
Donnez-vous la peine de vous asseoir.	Please to sit down.	plîz tou sit daoun.
Donnez une chaise à madame ***.	Give a chair to Mrs.**	giv é tchair tou mis'sis**.
Apportez un siege à madame ***.	Fetch a seat for Mrs.***	fetch é sît for mis'sis**.
Voulez-vous rester à dîner avec nous?	Will you stay and take dinner with us?	ouil you sté and ték din'neur ouith eus.
Je ne peux pas rester.	I cannot stay.	aï can'not sté.
Je ne suis entrée que pour savoir comment vous vous portiez.	I only came in to know how you did.	aï ônli kem in tou nô haou you did.
Il faut que je m'en aille.	I must go.	aï meust gô.
Vous êtes bien pressée.	You are in great haste.	you ar in héste
Pourquoi êtes-vous si pressée?	Why are you in such a hurry?	houaï ar you in seutch é heur'ri?
J'ai bien des choses à faire.	I have a great many things to do.	aï hav e grét men'i thingz tou dou
Vous pouvez bien rester encore un moment.	Sure, you can stay a little longer.	chour, you can ste é lit't'l long'gueur.
J'ai à aller en différents endroits, j'ai beaucoup de courses à faire.	I have many places to call at.	aï hav men'i pléciz tou câl at
Je resterai plus longtemps une autre fois.	I will stay longer another time.	aï ouil sté long'gueur aneuth'eur taim.
Je vous remercie de votre visite.	I thank you for your visit.	aï thangk you for your viz'it.
J'espère que je vous reverrai bientôt.	I hope I shall see you soon again.	aï hôp aï chal si you aqen.

DIALOGUE III.
LE DÉJEUNER.

Avez-vous déjeuné ?	Have you breakfasted	have you brek'fasted.
Pas encore.	Not yet.	not yet.
Vous arrivez à propos.	You come just in time	you keum djeust in taim.
Vous déjeunerez avec nous.	You will breakfast with us.	you ouil brek'fast ouith eus.
Le déjeuner est prêt.	Breakfast is ready.	brek'fast iz red'i.
Venez déjeuner.	Come to breakfast.	keum to brek'fast.
Prenez-vous du thé ou du café ?	Do you drink tea, or coffee ?	dou you dringk ti, or cof'fi?
Aimeriez-vous mieux du chocolat ?	Would you prefer chocolate ?	ououd you prifeur' tchoc'olète.
Je préfère le café.	I prefer coffee.	ai prifeur' cof'fi.
Que vous offrirai-je ?	What shall I offer you ?	houot chal aï of'feur you ?
Voici des petits pains et des rôties.	Here are rolls and toast.	hir ar rôlz and tôst.
Lequel aimez-vous le mieux ?	Which do you like best ?	houitch dou you laïk best?
Je prendrai un petit pain.	I shall take a roll.	aï chal ték é rôle.
Je préfère une rôtie.	I prefer a piece of toast.	aï prifeur' é pice ov tôst.
Comment trouvez-vous le café ?	How do you like the coffee ?	haou dou you laïk thi cof'fi ?
J'espère que le café est à votre goût.	I hope your coffee is agreeable to your taste.	aï hôpe your cof'fi iz agrieub'l tou your tést.
Le café est-il assez fort ?	Is the coffee strong enough ?	iz thi cof'fi strong ineuf'?
Il est excellent.	It is excellent.	it iz ex'cellent.
Prenez encore du sucre.	Take more sugar.	ték môr choug'eur.
Est-il assez sucré ?	Is it sweet enough ?	iz it souït ineuf'?

S'il ne l'est pas assez, dites-le moi sans cérémonie.	If it is not, I beg you will speak.	if it iz not, aï beg you ouïl spîk.
S'il ne l'est pas assez, ne faites pas de façons.	If it is not, don't make any ceremony.	if it iz not, dônt mék en'i cer'imoni.
Aimez-vous le lait?	Are you fond of milk?	ar you fond ov milk?
Vous n'avez pas assez de lait.	You have not milk enough.	you hav not milk ineuf'.
Permettez-moi de vous en verser encore.	Allow me to pour you out some more.	allaou mi tou pôr you aout seum môr.
Faites comme si vous étiez chez vous.	Make yourself at home.	mék yourself at hôme

DIALOGUE IV.
AVANT LE DINER.

DIALOGUE IV.
BEFORE DINNER.

DAÏEULOG IV.
BIFÔR DIN'NEUR.

A quelle heure dînons-nous aujourd'hui ?	What time do we dine to-day ?	houot taim dou oui daïn tou-dé?
Nous devons dîner à quatre heures.	We are to dine at four o'clock.	oui ar tou daïn at fôr o'cloc.
Nous ne dînerons pas avant cinq heures.	We shall not dine before five.	oui chal daïn bifôr faïv.
Aurons-nous quelqu'un à dîner aujourd'hui ?	Shall we have any body to dine to-day ?	chal oui hav en'i bod'i tou daïn tou-dé ?
Attendez-vous du monde ?	Do you expect company ?	dou you expect' keum'-pani ?
J'attends M. B***.	I expect Mr. B***.	aï expect mis'teur B.
J'attends presque M. et madame A***.	I rather expect Mr. and Mrs. A***.	aï rath'eur expect mis'-teur and mis'sis A.
M. D*** a promis de venir, si le temps le permet.	Mr. D*** has promised to come, if the weather permit.	mis'teur D. haz prom'ist tou keum, if thi oue-th'eur peurmit'.
Avez-vous donné des ordres pour le dîner ?	Have you given orders for dinner ?	hav you giv'n or'deurz for din'neur?
Qu'avez-vous commandé pour le dîner ?	What did you order for dinner?	houot did you or'der for din'neur ?
Qu'avons-nous pour notre dîner ?	What have we for our dinner ?	houot hav oui for aour din'neur ?

Qu'est-ce que nous aurons pour notre dîner ?	What shall we have for dinner ?	houot chal oui hav for din'neur ?
Avez-vous envoyé acheter du poisson ?	Did you send for any fish ?	did you send for en'i fiche ?
Aurons-nous du poisson ?	Shall we have any fish ?	chal oui hav en'i fiche.
Je n'ai pas pu avoir de poisson.	I could not get any fish ?	ai coud not get en'i fiche?
Il n'y avait pas un poisson au marché.	There was not a fish in the market.	ther ouoz not é fiche in thi mar'ket.
Il n'est pas arrivé de poisson aujourd'hui.	No fish came to-day.	no fiche kêm tou-dé.
J'ai peur que nous n'ayons un assez mauvais diner.	I fear we shall have an indifferent dinner.	aï fir oui chal hav an indif'feurentdin'neur.
Il faudra faire comme nous pourrons.	We must do as well as we can.	oui meust dou az ouel az oui can.

DIALOGUE V.   DIALOGUE V.   DAÏEULOG V.

LE DINER.   DINNER.   DIN'NEUR.

Que vous servirai-je ?	What shall I help you to ?	houot chal ai help you tou ?
Voulez-vous un peu de soupe ?	Will you take a little soup ?	ouil you téké lit't'l soup?
Prendrez-vous de la soupe ?	Will you take some soup ?	ouil you lék seum soup ?
Je vous remercie. Je vous demanderai un peu de bœuf.	I thank you. I will trouble you for a little beef.	ai thangk you. ai ouil treub'b'l you for é lit-t'l bîf.
Il a si bonne mine.	It looks so very nice.	it louks so ver'i naice.
Quel morceau aimez-vous le mieux ?	What part do you like best ?	houot part dou you laike best ?
De quel côté le couperai-je ?	Which way shall I cut it ?	houitch oué chal ai keut it ?
Du premier côté venu.	Any way.	en'i oué.
Le voulez-vous bien cuit ou peu cuit ?	Will you have it well done, or under-done ?	ouil you hav it ouel deun or eun'deurdeun ?

Bien cuit, s'il vous plaît.	Well done, if you please.	ouel deun, if you plîz.
Pas trop cuit, s'il vous plaît.	Rather under-done, if you please.	rath'eur eun'deurdeun if you plîz.
Je l'aime un peu cuit.	I like it rather well done.	aï laïk it rath'eur ouel deun.
Je ne l'aime pas trop cuit.	I do not like it overdone.	aï dou not laïk it ôveurdeun.
J'aime qu'il ne soit pas trop cuit.	I like it rather under-done.	aï laïk it ratheur eun'-deurdeun.
Vous ai-je servi selon votre goût ?	Did I help you to your liking ?	did aï help you tou your laïking ?
Vous ai-je servi le morceau que vous aimez le mieux ?	Did I help you to the part you like best ?	did aï help you tou thi part you laïk best.
J'espère que ce morceau est à votre goût.	I hope this piece is to your liking.	aï hôp this pîce iz tou your laïking.
Il est excellent.	It is excellent.	it iz ex'cellent.
Maintenant, je vais vous envoyer un morceau de ce pâté.	Now I am going to send you a piece of this meat pie.	naou aï am gôing tou send you é pîce ov this mît paï.
Je prendrai de préférence un morceau de ce pouding.	I would rather take a piece of that pudding.	aï ououd rath'eur ték é pîce ov that poud'ing.
Goûtez de l'un et de l'autre.	Try them both.	traï them bôth.
Prenez plutôt un morceau de l'un et de l'autre.	You had better take some of both.	you had bet'teur ték seum of bôth.

DIALOGUE VI.

A TABLE.

DIOLOGUE VI.

AT TABLE.

DAÏEULOG VI.

AT TÉB'L.

Messieurs, vous avez des plats devant vous.	Gentlemen, you have dishes near you.	djen't'lmen, you hav dich'iz nîr you.
Servez-vous.	Help yourselves.	help yourselvz'.
Prenez sans façon ce que vous aimez le mieux.	Take without ceremony what you like best.	ték outhaout cer'imoni houot you laïk best.

Que vous servirai-je?	What shall I help you to?	houot chal aï help you tou?
Que voulez-vous?	What will you have?	houot ouil you hav?
Voulez-vous un peu de ce rôti?	Will you take a little of this roast beef?	ouil youték é lit't'l ov this rôst bîf?
Prendrez-vous du rôti?	Will you take some roast beef.	ouil you ték seum rôst bîf.
Vous servirai-je un morceau de cet aloyau?	Shall I help you to a bit of this sirloin?	chal aï help you tou é bit ov this seurloin?
Aimez-vous le rissolé?	Are you fond of the outside?	ar you fond ov thi aoutsaid?
Aimez-vous le gras?	Do you like fat?	dou you laïk fat?
Voulez-vous du gras?	Shall I help you to some fat?	chal aï help you tou seum fat?
Je ne me soucie pas beaucoup du gras.	I am not very fond of fat?	aï am not ver'i fond ov fat?
Donnez-moi du maigre, s'il vous plaît.	Give me some of the lean, if you please.	giv mi seum ov thi lîn, if you plîz.
Un peu de l'un et de l'autre.	A little of both.	é lit't'l ov bôth.
Voici un morceau qui, je crois, vous sera agréable.	Here is a piece which, I think will please you.	hîr iz é pîce houitch aï thingk ouil plîz you.
J'espère que vous trouverez ce morceau de votre goût.	I hope you will find this piece to your taste.	aï hôp you ouil faïnd this pîce tou your tést.

DIALOGUE VII.
MÊME SUJET.

DIALOGUE VII.
THE SAME.

DAÏEULOG VII.
THI SÉM.

Vous n'avez pas de jus.	You have no gravy.	you hav no grévi.
Vous n'avez pas de sauce.	You have no sauce.	you hav no sâce.
Pardonnez-moi, j'en ai suffisamment.	I have plenty, I thank you.	aï hav plen'ti, aï thangk you.
Vous me pardonnerez, j'en ai bien suffisamment.	I have as much as I want, I thank you.	aï hav az meutch az aï ouont, aï thangk you.

Comment trouvez-vous le rôti ?	How do you like the roast beef.	haou dou you laik thi rôst bîf?
Il est excellent.	It is very good, indeed.	it iz ver'i goud, indîd.
Il est délicieux.	It is delicious.	it iz delich'eus.
Il est fondant.	It melts in the mouth.	it melts in thi maou*th*.
Je suis charmé qu'il soit de votre goût.	I am very glad it is to your taste.	aï am ver'i glad it iz to your test.
Que prenez-vous avec votre viande ?	What do you take with your meat ?	houot dou you ték ouith your mît?
Vous servirai-je des légumes ?	Shall I help you to some vegetables ?	chal aï help you tou seum vedj'iteb'lz.
Voici des épinards et des brocolis ?	Here are spinage and broccoli.	hîr ar spin'edj and broc'-coli.
Voulez-vous des pois, ou du chou-fleur ?	Will you have peas, or cauliflower?	ouil you hav piz or col'li-flaoueur ?
Ces haricots verts sont excellents.	These french beans are excellent.	thîz french binz ar ex'cellent.
Vous n'avez pas goûté aux artichauts.	You have not tasted the artichokes.	you hav not tésted thi ar'titchôkes.
Mangez-vous de la salade ?	Do you eat salad ?	dou you it sal'ad ?
Voici des pommes de terre et des choux.	Here are potatoes and cabbage.	hîr ar potétoze and cab'bedj.
Voulez-vous du pain blanc ou du pain bis ?	Will you take white or brown bread ?	ouil you ték ouaït or braoun bred ?
Cela m'est indifférent.	It is quite indifferent to me.	it iz couaït indif'feurent tou mi.

DIALOGUE VIII.	DIALOGUE VIII.	DAÏEULOG VIII.
MÊME SUJET.	THE SAME.	THI SÉM.
Vous présenterai-je un morceau de ceci ?	Shall I help you to a little of this ?	chal aï help you tou é lit't'l ov this?
Permettez-moi de vous servir un morceau de ceci.	Give me leave to help you to a piece of this.	giv mi liv tou help you tou é pîce ov this.
Vous enverrai-je une tranche de ce gigot ?	Shall I send you a slice of this leg of mutton ?	chal aï send you é slaïce ov this leg ov meut'-t'n ?

Il paraît excellent.	It seems excellent.	it sîmz ex'cellent.
Il est fort succulent.	It is very juicy.	it iz ver'i djiou'ci.
Vous n'avez pas mangé de pouding.	You have not eaten any pudding.	you hav not it'n en'i poud'ing.
Ce fricandeau est délicieux.	This fricandeau is delicious.	this frican'deau iz di-lich'eus.
Vous en servirai-je ?	Shall I help you to some of it ?	chal ai help you tou seum ov it ?
Je vous en demanderai un très-petit morceau, seulement pour en goûter.	I will thank you for a very small piece, just to taste it.	ai ouil thangk you for é ver'i smâl pîce, djeust tou têst it.
Ne m'en donnez que bien peu.	Give me but very little of it.	giv mi beut ver'i lit't'l ov it.
Vous êtes un pauvre mangeur.	You are a poor eater.	you ar é pour îteur.
Vous ne mangez rien.	You eat nothing.	you ît neuth'ing.
Je vous demande pardon, je mange fort bien.	I ask your pardon, I eat very heartily.	ai ask your par'd'n, ai ît ver'i har'tili.
Je fais honneur à votre dîner.	I do honour to your dinner.	ai dou hon'eur tou your din'neur.

DIALOGUE IX.
MÊME SUJET.

DIALOGUE IX. — THE SAME. — DAÏEULOG IX. TIII SÉM.

Maintenant que pourrais-je vous offrir ?	Now, what can I offer you ?	naou, houot can ai of'-feur you?
Je vais vous envoyer un morceau de cette volaille.	I will send you a bit of this fowl.	ai ouil send you é bit ov this faoul.
Je vous remercie, je ne prendrai plus rien.	Not any thing more, I thank you.	not en'i thing môr, ai thangk you.
Un petit morceau de volaille ne peut pas vous faire de mal.	A little bit of fowl cannot hurt you.	é lit't'l bit ov faoul can'-not heurt you.

Donnez m'en donc un très-petit morceau.	Help me then to a very small piece.	help mi then tou é ver'i smàl pice.
Apportez une assiette à monsieur.	Bring the gentleman a plate.	bring thi djen't'leman é plet.
Qu'aimez - vous le mieux, la cuisse ou l'aîle?	Which do you like better, a leg, or a wing?	houitch dou you laik bet'teur, é leg, or é ouing?
Cela m'est parfaitement égal.	It is all the same to me.	it iz àl thi sém tou mi.
Vous m'en donnez beaucoup trop.	You give me a great deal too much.	you giv mi é grét dil tou meutch.
Il n'y en a qu'une bouchée.	There is but a mouthful.	ther iz beut é maouth'foul.
Ne m'en donnez que la moitié.	Give me but half of it.	giv mi beut haf ov it.
Partagez cela en deux.	Cut that in two.	keut that in tou.
La moitié suffira.	Half of it will be enough.	haf ov it ouil bi ineuf'.
Comme cela?	So? Will that do?	so? ouil that dou?
En voilà bien suffisamment.	Thank you, there is plenty.	thangk you, ther iz plen'ti.
Vous pouvez desservir.	You may take away.	you mé ték a-oué.
Desservez, et apportez-nous du vin.	Take away, and bring in some wine.	ték a-oué, and bring in seum ouain.

DIALOGUE X.   DIALOGUE X.   DAÏEULOG X.

LE THÉ.   TEA.   TÎ.

Avez-vous apporté tout ce qu'il faut pour le thé?	Have you carried in the tea-things?	hav you car'rid in thi tî thingz?
Tout est sur la table.	Every thing is on the table.	ev'euri thing iz on thi téb'l.
L'eau bout-elle?	Does the water boil?	deuz thi ouâteur boil?
Le thé est tout prêt.	Tea is quite ready.	tî iz couaït red'i.
On vous attend.	They are waiting for you.	thé ar ouéting for you.
Me voici.	I am coming.	aï am keum'ing.
Je vous suis.	I follow you.	aï fol'lo you.

Vous n'avez pas mis de bol sur la table.	You have not put a basin on the table.	you hav not pout é bés'n on thi téb'l.
Nous n'avons pas assez de tasses.	We have not enough.	oui hav not keups ineuf'.
Il nous faut encore deux tasses.	We want two cups more.	oui ouont tou keups môr.
Apportez encore une cuiller et une soucoupe.	Bring another spoon, and a saucer.	bring aneuth'eur spoun, and é sâceur.
Vous n'avez pas apporté les pinces.	You have not brought in the sugar-tongs.	you hav not brât in thi choug'eur teungz.
Prenez-vous du sucre ?	Do you take sugar ?	dou you ték choug'eur.
Prenez-vous de la crème ?	Do you take cream ?	dou you ték crim?
Je vous demanderai encore un peu de lait.	I will thank you for little more milk.	aï ouil *th*angk you for é lit't'l môr milk.
Le thé est très-fort.	The tea is very strong.	thi tî iz ver'i strong.
Je puis vous en donner davantage.	I can give you more.	aï can giv you môr.
Nous en avons abondamment.	We have plenty.	oui hav plen'ti.
Ne l'épargnez pas.	Do not spare it.	dou not spèr it.

DIALOGUE XI.
MÊME SUJET.

DIALOGUE XI.
THE SAME.

DAÏEULOG XI.
THI SÉM.

Que prendrez-vous?	What will you take?	houot ouil you ték ?
Voici des gâteaux et des galettes.	Here are cakes, and buttered rolls.	hîr ar kéks, and beut'teurd rôlz.
Préférez-vous les tartines de beurre?	Do you prefer bread and butter?	dou you prifeur' bred and beut'teur ?
Je prendrai une beurrée.	I shall take a slice of bread and butter.	aï chal ték é slaïce ov bred and beut'teur.
Apportez encore quelques beurrées.	Get more bread and butter.	get môr bred and beut'teur.

Je vous demanderai une tartine de beurre, s'il vous plaît?	I will thank you for some bread and butter.	aï ouil *th*angk you for seum bred and beut'-teur.
Passez l'assiette par ici.	Hand the plate this way.	hand thi plét this oué.
Permettez-moi de vous offrir du gâteau.	Permit me to offer you some cake.	peurmit' mi tou of'feur you seum kék.
Vous offrirai-je un morceau de gâteau?	Shall I help you to a piece of this cake?	chal aï help you tou é pîce ov this kek?
Donnez-m'en un petit morceau, s'il vous plaît.	Give me a small piece, if you please.	giv mi e smål pîce, if you pliz.
Permettez-moi de vous en couper encore un morceau.	Give me leave to cut you another piece.	giv mi liv tou keut you aneuth'eur pîce.
Je vous remercie bien.	Not any more, I thank you.	not en'i môr, aï *th*angk you.
Vous ne faites pas de façons?	Would you rather not?	ououd you rath'eur not?
Sans cérémonie, je vous remercie infiniment.	Much rather not, I am much obliged to you.	meutch rath'eur not, aï am meutch oblaïdjd tou you.
Sonnez, s'il vous plaît.	Ring the bell, if you please.	ring thi bel, if you pliz.
Voulez-vous avoir la bonté de sonner?	Will you have the goodness to ring the bell?	ouil you hav the goudness tou ring thi bel?
Voulez-vous bien tirer la sonnette?	Will you be so kind as to pull the bell?	ouil you bi so caïnd az tou poul thi bel?
Il nous faut encore de l'eau.	We want more water.	oui ouont môr ouâteur.
Faites encore quelques rôties.	Make more toast.	mék môr tôst.
Apportez-le le plus tôt possible.	Bring it in as soon as possible.	bring it in az soun az pos'sib'l.
Dépêchez-vous.	Make haste.	mek hést.
Emportez l'assiette avec vous.	Take the plate with you.	ték thi plét ouith you.

DIALOGUE XII.	DIALOGUE XII.	DAÏEULOG XII.
MÊME SUJET.	THE SAME.	THI SÉM.
Mesdames, le thé est-il de votre goût?	Ladies, is the tea to your taste?	lédiz' iz thi tî tou your tést?
Votre thé est-il assez sucré?	Is your tea sweet enough?	iz your tî souît ineuf'?
Ai-je mis assez de sucre dans votre thé?	Have I put sugar enough in your tea?	hav aï pout choug'eur ineuf' in your tî?
Trouvez-vous votre thé assez sucré?	Do you find your tea sweet enough?	dou you faïnd your tî souît ineuf'?
Il est excellent.	It is excellent.	it iz ex'cellent.
Je ne l'aime pas tout à fait si sucré.	I do not like it quite so sweet.	aï dou not laïk it couaït so souït.
Votre thé est très-bon.	Your tea is very good.	your tî iz ver'i goud.
Voici d'excellent thé.	This is most excellent tea.	this iz most ex'cellent tî.
Où l'achetez-vous?	Where do you buy it?	houèr dou you baï it?
Je l'achète chez...	I buy it at...'s.	aï baï it at....
C'est le meilleur magasin pour le café et pour le thé.	It is the best shop for coffee and tea.	it iz thi best chop for cof'fi and tî.
Vous avez là un très-beau service.	You have a very fine set of tea-things.	you hav é ver'i faïn set ov tî-thingz.
La théière est de très-bon goût.	The tea-pot is very tasteful.	thi tî-pot iz ver'i testfoul.
Le sucrier et le pot au lait sont superbes.	The sugar-basin and the milk-pot are very handsome.	thi choug'eur-bés'n and thi milk-pot ar ver'i hand'seum.
Vous avez un magnifique cabaret.	You have a splendid tea-board.	you hav é splendid tîbôrd.
Avez-vous déjà fini?	Have you finished already?	hav you fin'icht olred'i?
Vous en prendrez encore une tasse.	You will take another cup.	you ouil ték aneuth'eur keup.
Vous en prendrez bien encore une tasse.	You can take another cup.	you can ték aneuth'eur keup.

Je vais vous en verser une demi-tasse.	I will pour you out half a cup.	aï ouil pôr you aout haf é keup.
Vous ne me refuserez pas.	You cannot refuse me.	you can'not rifiouz mi.
Je vous rends mille grâces.	Much rather not, I thank you.	meutch rath'eur not, aï *th*angk you.
J'en ai pris trois tasses, et je n'en prends jamais davantage.	I have taken three cups, and I never drink more.	aï hav ték'n *th*rî keups, and aï nev'eur drıngk môr.
Êtes-vous sur que vous n'en prendrez pas davantage?	Are you sure you won't take any more?	ar you chour you ouônt tek en'ı môr?
Êtes-vous bien décidé?	Are you quite sure?	ar you couaıt chour ?
Desservez.	Take away.	ték a-oué.

DIALOGUE XIII.
LE SOUPER.

DIALOGUE XIII.
SUPPER.

DAÏEULOG XIII.
SUP'PEUR.

Voulez-vous rester à souper avec nous?	Will you stay and sup with us?	ouil you sté and seup ouith eus?
Voulez-vous rester à manger un morceau avec nous?	Will you stay and take a bit of supper with us?	ouil you sté and ték é bit ov seup'peur ouith eus?
Soupez avec nous sans cérémonie.	Sup with us without ceremony.	seup ouith eus ouith-aout cer'ımoni.
Je vous suis obligé, mais j'ai peur qu'il ne soit trop tard.	I am obliged to you, but I am afraid it will be too late.	aï am oblaïdjd tou you, beut aï am afred it ouil bı tou lét.
Nous souperons sur-le-champ.	We shall sup directly.	oui chal seup direct'li.
Nous allons souper à l'instant.	We are going to sup directly.	oui ar gôing tou seup direct'lı.
Je vous prie de ne rien commander exprès pour moi.	Pray do not order any thing on purpose for me.	pré dou not or'deur en'ı *th*ing on peur'peus for mi.
Ne faites aucun apprêt pour moi.	Do not make any preparations for me.	dou not mék en'i prepa-récheunz for mı.
Du pain et du fromage suffiront.	A little bread and cheese will be sufficient.	é lıt't'l bred and tchîz ouıl bı suffich'eunt.

Nous aurons seulement un peu de viande froide, avec quelques huîtres.	We shall just have a little cold meat, with a few oysters.	ouï chal djeust hav é lit't'l côld mit, ouith é flou ois'teurz.
Aimez-vous les huîtres?	Do you like oysters?	dou you laïk ois'teurz?
Je les aime beaucoup.	I am very fond of them.	aï am ver'i fond ov them.
Je vais en envoyer chercher, et nous souperons aussitôt.	I shall send for some, and we will sup immediately.	aï chal send for seum, and ouï ouil seup immi'dieth.
Voici du jambon et du bœuf froid. Que vous présenterai-je d'abord?	Here are some ham and cold beef. What shall I offer you first?	hîr ar seum ham and côld bif, houot chal aï offeur you feurst?
Je mangerai quelques huîtres?	I shall eat a few oysters.	aï chal it é flou ois'teurz.
Comment les trouvez-vous?	How do you like them?	haou dou you laïk them?
Sont-elles bien fraîches?	Are they quite fresh?	ar thé couaït freche?
Elles sont très-bonnes.	They are very good.	thé ar ver'i goud.
N'en prendrez-vous pas encore deux ou trois?	Won't you take two or three more.	ouônt you ték tou or thri môr.
Non, je vous remercie. Je prendrai, s'il vous plaît, un peu de jambon.	No, I thank you. I will take a little ham, if you please.	nô, aï thangk you, aï ouil ték é lit't'l ham, if you pliz.
Prenez un peu de bœuf avec.	Take some beef with it.	ték seum bif ouith it.
Donnez-m'en bien peu.	Give me very little.	giv mi ver'i lit't'l.
Voulez-vous un morceau de cette tourte aux pommes?	Will you have a piece of this apple-pie?	ouil you hav é pîce ov this ap'p'l-paï?
Elle a l'air assez bon.	It looks pretty good.	it louks pret'ti goud.
Je ne prendrai plus rien.	I cannot take any thing more.	aï can'not ték en'i thing môr.
Je crains que vous n'ayez très-mal soupé.	I am afraid you have supped very badly	aï am afréd you hav seupt ver'i bad'li.

J'ai très-bien soupé.	I have supped very well.	aï hav seupt ver'i ouel.
J'ai parfaitement bien soupé.	I have done extremely well.	aï hav deun extrîmli ouel.

DIALOGUE XIV.
BOIRE.

DIALOGUE XIV.
DRINK.

DAÏEULOG XIV.
DRINGK.

Voulez-vous prendre un verre de vin avec moi?	Will you take a glass of wine with me?	ouil you ték é glass ov ouaïn ouith mi.
De tout mon cœur. — Volontiers.	I thank you.—Willingly.	aï thangk you — ouil'-lingli.
Duquel voulez-vous, du rouge ou du blanc?	Which do you prefer red or white?	houitch dou you prifeur', red or houaït?
Du rouge, s'il vous plaît.	Red, if you please.	red, if you plîz.
Je prendrai du blanc, s'il vous plaît.	I will take white, if you please.	aï ouil ték houaït, if you plîz.
Apportez deux verres de vin, un de rouge et un de blanc.	Bring two glasses of wine, one of red, and one of white.	bring tou glassiz ov ouaïn, oueun ov red, and oueun ov houaït.
A votre santé, monsieur.	Your health, Sir.	your helth, seur.
J'ai l'honneur de boire à votre santé.	I drink your good health.	aï dringk your goud helth.
Que voulez-vous boire à votre dîner?	What do you wish to drink with your dinner?	houot dou you ouiche tou dringk ouith your din'neur.
Buvez-vous de la bière ou du porter?	Do you drink table beer or porter?	dou you dringk téb'l bîr or pôr'teur.
Je prendrai par préférence de la bière de table.	I'd rather have some table beer.	aï'd rath'eur have seum teb'l bîr.
Je prendrai de la bière, si vous voulez bien.	I will take some beer, if you please.	aï ouil tek seum bîr, if you plîz.
Je préférerais du porter.	I prefer porter.	aï prifeur' pôr'teur.
Donnez-moi, s'il vous plaît, un verre de porter.	Give me a glass of porter, if you please.	giv mi é glass ov pôr'teur, if you plîz.

— 92 —

Que pensez-vous de ce porter?	What do you think of this porter?	houot dou you *th*ingk ov this pôrteur?
N'est-ce pas là d'assez bon porter?	Is not this pretty good porter?	iz not this pret'ti goud pôrteur?
Ne trouvez-vous pas ce porter assez bon?	Don't you think this pretty good porter?	dônt you *th*ingk this pret'ti goud pôrteur?
Il est excellent.	Very good, indeed.	ver'i goud, indîd.
Le mettez-vous en bouteilles?	Do you bottle it?	dou you bot't'l it?
Combien y a-t-il qu'il est en bouteille?	How long has it been bottled?	haou long haz it bîn bot't'ld?
Je ne me souviens pas d'en avoir jamais bu de meilleur.	I do not remember ever having drunk better.	aï dou not rimem'beur ev'eur hav'ing drungk bet'teur.

DIALOGUE XV.   DIALOGUE XV.   DAÏEULOG XV.

LA PENSION.   SCHOOL.   SCOUL.

Récitez votre leçon.	Say your lesson.	sé your les's'n.
Savez-vous votre leçon?	Do you know your lesson?	dou you nô your les's'n.
Avez-vous appris votre leçon?	Have you learned your lesson?	hav you leurnt your les's'n?
Quelle leçon avez-vous apprise?	What lesson have you learned?	houot les's'n hav you leurnt?
Vous ne savez pas votre leçon.	You do not know your lesson.	you dou not nô your les's'n.
Vous n'avez pas appris votre leçon.	You have not learned your lesson.	you hav not leurnt your les's'n.
Vous ne pouvez pas dire votre leçon.	You cannot say your lesson.	you can'not sé your les's'n?
Pouvez-vous réciter votre leçon?	Can you say your lesson?	can you sé your les's'n.
Je ne puis pas encore la réciter.	I cannot say it yet.	aï can'not sé it yet.
Je puis la réciter.	I can say it.	aï can sé it.
Je crois que oui.	I think I can.	aï *th*ingk aï can.

Je ne crois pas que je le puisse.	I don't think I can.	aï dònt *th*ingk aï can.
Je ne puis la réciter sans faute.	I cannot say it perfectly.	aï cannot sé it peur'fectli.
Pourquoi n'avez-vous pas appris votre leçon?	Why did you not learn your lesson?	houaï did you not leurn your les's'n?
J'ai oublié de l'apprendre.	I forgot to learn it.	aï forgot' tou leurn it.
Je l'ai apprise hier au soir.	I learned it last night.	aï leurnt it last naït.
Je la savais hier.	I could say it yesterday.	aï coud sé it yes'teurdé.
Elle est trop difficile.	It is too difficult.	it iz tou dif'ficult.
Je n'ai pas pu l'apprendre.	I could not learn it.	aï coud not leurn it.
Je n'ai pas eu le temps de l'apprendre.	I have not had time to learn it.	aï hav not had taïm to leurn it.
Rapprenez-la.	Learn it again.	leurn it agen'.
Je la saurai sans faute demain.	I shall get it perfectly by to-morrow.	aï chal get it peur'fectli baï tou-mor'rô.

DIALOGUE XVI.
MÊME SUJET.

DIALOGUE XVI.
THE SAME.

DAÏEULOG XVI.
THI SÉM.

Avez-vous fait tous vos devoirs?	Have you done all your tasks?	hav you deun âl your tasks?
Mon devoir d'histoire n'est pas terminé.	My history is not finished.	maï his'tori iz not fin'icht.
Avez-vous fini votre carte?	Have you finished your map?	hav you fin'icht your map?
Pas tout à fait.	Not quite.	not couaït.
Dépêchez-vous, le professeur sera ici tout à l'heure.	Make haste, the master will be here presently.	mék hest, thi mas'teur oul bi hïr prez'entli.
J'aurai fini avant qu'il n'arrive.	I shall have finished before he comes.	aï chal hav fin'icht bifôr hi keumz.

— 94 —

Qu'il vienne, à présent je suis prêt.	Let him come, I am ready now.	let him keum, aï am red'i naou.
Avez-vous étudié votre géographie?	Have you studied your geography?	hav you steud'id your djiog'rafi.
Je la sais parfaitement.	I know it perfectly well.	aï nô it peur'fectli ouel.
Si vous ne savez pas votre géométrie vous aurez un pensum.	If you don't know your geometry you will have an imposition.	if you dônt nô your djionr'itri you oul hav an impozich'eun.
La leçon d'algèbre est très-difficile.	The lesson of algebra is very difficult.	thi les's'n of al'djibra iz ver'i dif'ficult.
Si vous ne l'apprenez pas vous serez mis en retenue.	If you don't learn it you will be kept in.	if you dônt leurn it you oul bi kept in.
Le professeur est assez content de moi.	The master is pretty well satisfied with me.	thi mast'eur iz pret'ti ouel sat'isfied ouith mi.
J'espère être le premier élève de ma classe.	I hope to be the first pupil of my class.	aï hôp tou bi thi feurst piou'pil ov maï class.

DIALOGUE XVII.
DANS LA CLASSE.

DIALOGUE XVII.
IN THE SCHOOL.

DAÏEULOG XVII.
IN THI SCOUL.

Où m'assiérai-je?	Where shall I sit?	houèr chal aï sit?
Où faut-il que je m'asseye?	Where am I to sit?	houèr am aï tou sit?
Asseyez-vous à côté de moi.	Sit by me.	sit baï mi.
Asseyez-vous sur le banc.	Sit upon the bench.	sit eupon' thi bentch.
Asseyez-vous un peu plus haut.	Sit a little higher up.	sit é lit't'l haïeur up.
Asseyez-vous un peu plus bas.	Sit a little lower down.	sit é lit't'l lôeur daoun.
Asseyez-vous plus loin.	Sit further.	sit feur'theur.
Allez-vous asseoir à votre place.	Go and sit down in your place.	gô and sit daoun in your plèce.
Ne faites point de bruit.	Do not make a noise.	dou not mék é noïz.
Ne faites point tant de bruit.	Don't make such a noise.	dônt mék seutch é noïz.

Ne faites pas remuer la table.	Do not shake the table.	dou not chek thi téb'l.
Pourquoi faites-vous remuer la table?	Why do you shake the table?	houaï dou you chék thi téb'l.
Prêtez-moi votre plume.	Lend me your pen.	lend mi your pen.
Prêtez-moi votre canif.	Lend me your penknife.	lend mi your pen'naïf.
J'ai perdu mon livre.	I have lost my book.	aï hav lost maï bouk.
Je ne puis pas trouver mon cahier.	I cannot find my copy-book.	aï can'not faïnd maï cop'thouk.
Où l'avez-vous laissé?	Where did you leave it?	houèr did you liv it?
Je l'ai laissé dans mon pupître.	I left it in my desk.	aï left it in maï desk.
Le voici.	Here it is.	hîr it iz.
Il est sur la table.	It is on the table.	it iz on thi téb'l.
Allez le chercher.	Go and fetch it.	gô and fetch it.
L'avez-vous?	Have you it?	hav you it?
Cherchez-le.	Look for it.	louk for it.
Je l'ai trouvé.	I have found it.	aï hav faound it.
Où était-il?	Where was it?	houèr ouoz it?
Il était sous le banc.	It was under the bench.	it ouoz eun'deur thi bentch.

DIALOGUE XVIII.
TAILLER UNE PLUME.

DIALOGUE XVIII.
MAKING A PEN.

DAÏEULOG XVIII.
MÉKING É PEN.

Pouvez-vous me prêter votre canif?	Can you lend me your penknife?	can you lend mi your pen'naïf.
Voulez-vous avoir la bonté de me prêter votre canif?	Will you have the goodness to lend me your penknife?	ouil you hav thi goud'-ness to lend mi your pen'naïf?
Pourquoi faire?	What do you want it for? What for?	houot dou you ouont it for? houot for?
Qu'en voulez-vous faire?	What do you want to do with it?	houot dou you ouont tou dou ouith it?
J'en ai besoin pour tailler une plume.	I want it to make a pen.	aï ouont it tou mék é pen.

Je voudrais tailler une plume.	I want to make a pen.	aï ouont tou mék é pen.
Prenez cette plume de fer.	Take this steel-pen.	ték this stîl-pen.
Je préfère une plume d'oie.	I prefer a quill.	aï prifeur' é couil.
Je voudrais tailler ma plume.	I want to make my pen.	aï ouont tou mék maï pen.
Ma plume ne vaut rien.	My pen is good for nothing.	maï pen iz goud for neu*th*'ing.
Je voudrais la retailler.	I want to mend it.	aï ouont tou mend it.
Elle a besoin d'être retaillée.	It wants mending.	it ouonts mend'ing.
Pourquoi ne vous servez-vous pas de votre canif?	Why don't you use your penknife?	houaï dônt you iouz your pen'naïf.
Il ne coupe pas.	It does not cut.	it deuz not keut.
Il est émoussé.	It is blunt.	it iz bleunt.
Il n'a pas de fil.	It has no edge.	it haz no edj.
Il a besoin d'être repassé.	It wants setting.	it ouonts set'ting.
Je ne saurais pas me servir du mien.	I cannot make use of mine.	aï can'not mék iouce ov maïn.
Il est entièrement abîmé.	It is entirely spoilt.	it iz entaïrli spoïlt.

DIALOGUE XIX.
MÊME SUJET.

DIALOGUE XIX.
THE SAME.

DAÏEULOG XIX.
THI SÉM.

Voulez-vous que je vous taille votre plume?	Shall I make your pen for you?	chal aï mék your pen for you?
Je vous serai bien obligé.	I thank you.	aï *th*angk you.
Si cela ne vous donne pas trop de peine.	If it is not too much trouble for you.	if it iz not tou meutch treub'b'l for you.
La peine n'est rien.	No trouble at all.	no treub'b'l at ál.
Voulez-vous qu'elle soit dure ou molle?	Will you have it hard or soft?	ouil you hav it hard or soft?

L'aimez-vous dure ou molle?	Do you like it hard or soft?	dou you laïk it hard or soft?
J'aime qu'elle soit dure.	I like it hard.	aï laïk it hard.
Je ne l'aime pas tout à fait si dure.	I do not like it quite so hard.	aï dou not laïk it couaït so hard.
La voici. Essayez-la.	Here it is. Try it.	hîr it iz. traï it.
Comment la trouvez-vous?	How do you like it?	haou dou you laïk it?
Elle est un peu trop grosse.	It is rather too broad.	it iz rath'eur tou brâd.
Elle est trop fine.	It is too fine.	it iz tou faïn.
Elle n'est pas assez fendue.	It is not slit enough.	it iz not slit ineuf.
Elle est un peu trop fendue.	The slit is rather too long.	thi slit iz rath'eur tou long.
Essayez-la encore.	Try it again.	traï it agen'.
Elle est excellente.	It is excellent.	it iz ex'cellent.
Je vous suis infiniment obligé.	I am very much obliged to you.	aï am ver'i meutch oblaïdjd tou you.
Je suis bien à votre service.	You are very welcome.	you ar veri ouel'keum.

DIALOGUE XX.
ÉCRIRE UNE LETTRE.

DIALOGUE XX.
TO WRITE A LETTER.

DAÏEULOG XX.
TOU RAÏT É LET'TEUR.

Avez-vous du papier à lettre?	Have you any post-paper?	hav you en'i pôst-pépeur?
J'en ai une main tout entière.	I have a whole quire.	aï hav é hôl couaïr.
Je viens d'en acheter une rame.	I have just bought a ream.	aï hav djeust bât é rîm.
En avez-vous besoin?	Do you want any?	dou you ouont en'i?
Obligez-moi de m'en prêter une feuille.	Oblige me by lending me a sheet.	oblaïdj mi baï lend'ing mi é chîte.
J'ai une lettre à écrire ce soir.	I have a letter to write this evening.	aï hav é let'teur tou raït this ivning.

7

Est-elle pour la poste?	Is it for the post?	iz it for thi pôst?
Oui. Il faut qu'elle parte aujourd'hui.	Yes. It must go to-day	yes. it meust gô tou-dé.
Vous n'avez pas de temps à perdre, car il est déjà bien tard.	You have no time to spare, for it is very late already.	you havno taïm tou spèr, for it iz veri lét ol-red'i.
Je ne serai pas longtemps.	I shall not be long.	aï chal not bi long.
A quel jour sommes-nous du mois?	What day of the month is this?	houot dé ov thi meun*th* iz this?
Quel jour du mois avons-nous?	What day of the month have we?	houot dé ov thi meun*th* hav oui?
Quel est le quantième du mois?	What is the day of the month?	houot iz thi dé ov thi meun*th*?
Quel est aujourd'hui le jour du mois?	What day of the month is it to-day?	houot dé ov thi meun*th* iz it tou-dé?
C'est aujourd'hui le premier, le deux, le trois, le quatre...	To-day is the first, the second, the third, the fourth...	tou-dé iz thi feurst, thi sec'und, thi *th*eurd, thi fôr*th*....
Je vais plier ma lettre.	I am going to fold my letter.	aï am gôing tou fôld maï let'teur.
Donnez-moi une enveloppe.	Give me an envelop.	giv mi an envelop.
Maintenant je n'ai plus que l'adresse à écrire.	Now, I have only the address to write.	naou, aï hav ônli thi address tou raït.
La lettre n'est pas cachetée.	The letter is not sealed.	thi let'teur iz not sîld.
Il n'y a pas de cire.	There is no sealing wax.	ther iz no sîling ouacs.
Apportez-moi un pain à cacheter.	Bring me a wafer.	bring mi é ouéfeur.
Je ne trouve pas mon cachet.	I cannot find my seal.	aï cannot faïnd maï sîl.
Qu'est devenu mon cachet?	What is become of my seal?	houot iz bikeum ov maï sîl?
Qu'ai-je fait du cachet?	What have I done with the seal?	houot hav aï deun ouith thi sîl?
Je l'ai trouvé.	I have found it.	aï hav faound it.
Je l'ai.	I have it.	aï hav it.

Maintenant j'ai fini.	Now I have done.	naou aï hav deun.
Portez cette lettre à la poste.	Carry this letter to the post-office.	car'ri this let'teur tou thi pôst-office.
Affranchissez-la.	Pay the postage of it.	pé thi pôstedje ov it.

DIALOGUE XXI.
ACHETER.

DIALOGUE XXI.
MARKETING.

DAÏLULOG XXI.
MAR'KETING.

Il faut que vous alliez au marché.	You must go to market.	you meust go tou mar'ket.
Voyez de quel prix sont les canards et les poulets.	See how ducks and fowls sell to-day.	si haou deucks and faoulz sel tou-dé.
Tâchez d'en trouver deux bons.	Try to get a couple of nice ones.	traï tou get é keup'p'l ov naïce oueunz.
Vous faut-il des œufs aujourd'hui?	Do you want any eggs to-day?	dou you ouont en'i egz tou-dé?
Oui. Achetez des œufs et du beurre.	Yes Buy some eggs, and some butter.	yes. baï seum egz, and seum beut'teur.
Combien de livres de beurre?	How many pounds of butter?	haou men'i paoundz ov beut'teur?
Prenez-en trois livres, s'il est bon.	Take three pounds, if it be good.	ték thrî paoundz, if it bi goud.
En allant au marché, passez chez le boucher.	As you go to market, call at the butcher's.	az you gô tou mar'ket, câl at thi boutch'eurz.
Quelle viande commanderai-je aujourd'hui?	What meat shall I order to-day?	houot mît chal aï or'deur tou-dé?
Qu'il envoie une rouelle de bœuf pour saler.	Let him send a round of beef to salt.	let him send é raound of bîf tou solt.
Un aloyau, ou deux ou trois côtes de bœuf, et un gigot de mouton.	A sirloin, or two or three ribs of beef, and a leg of mutton.	é seur'loïn, or tou or thrî ribz ov bîf and é leg ov meut't'n.
Une poitrine, ou une longe de veau, et un quartier d'agneau.	A breast, or a loin of veal, and a quarter of lamb.	é brest, or é loïn ov vîl, and é couar'teur ov lam.
Une culotte de bœuf, et une épaule de mouton.	A rump of beef, and a shoulder of mutton.	é reump ov bîf, and é chôldeur ov meut't'n.

Une tête, et une rouelle de veau.	A calf's head, and a fillet of veal.	cafs hed, and é fil'let ov vil.
Un collet de mouton, et un gigot d'agneau.	A neck of mutton, and a leg of lamb.	é neck ov meut't'n, and é leg ov lam.
Demandez-lui s'il a un bon riz de veau.	Ask him if he has a good sweetbread.	ask him if hi haz é goud souitbred.
S'il n'en a pas, prenez-le ailleurs.	If he has not, get it somewhere else.	if hi haz not, get it seum-houèr elce.
Voyez s'il a une bonne langue de bœuf.	See if he has a nice tongue.	si if hi haz é naice teung.
Qu'il envoie cela sur-le-champ.	Let him send it directly.	let him send it direct'li.
Dites-lui d'envoyer aussi la note.	Tell him to send the bill with it.	tel him tou send thi bil ouith it.

DIALOGUE XXII. — DIALOGUE XXII. — DAÏEULOG XXII.

ORDRES POUR LE DINER. — ORDERS FOR DINNER. — ORDEURZ FOR DIN'NEUR.

Que voulez-vous pour votre dîner aujourd'hui?	What will you have for your dinner to-day?	houot ouil you hav for your din'neur tou-dé?
Voyons.	Let us see.	let eus si.
Qu'est-ce que nous avons dans la maison?	What have we in the house?	houot hav oui in thi haouce?
Nous avons un rond de bœuf dans le sel.	We have a round of beef in salt.	oui hav é raound ov bif in solt.
Combien y a-t-il qu'il est dans le sel?	How long has it been in salt?	haou long haz it bin in solt?
Il y a aujourd'hui une semaine.	A week to day.	é ouik tou-dé.
Le croyez-vous assez salé?	Do you think it is salted enough?	dou you thingk it iz sol'-ted ineuf.

J'ai peur qu'il n'ait pas entièrement pris le sel.	I am afraid it is not salted through.	aï am aïréd it iz not sol'-ted *th*rou.
Il faut le laisser encore deux ou trois jours.	We must keep it two or three days longer.	oui meust kîp it tou or *th*rî déz loug'gueur.
Quel morceau avons-nous pour rôtir?	What joint have we to roast?	houot joïnt hav oui tou rôst?
Le boucher a envoyé un gigot d'agneau.	The butcher has sent in a leg of lamb.	thi boutch'eur haz sent in é leg ov lam.
Donnez-nous le avec des biftecks et une salade.	Let us have it with beef-steaks, and salad.	let eus hav it ouith bif-stéks, and sal'ad.
Ferai-je bouillir des choux ou des épinards?	Shall I boil greens, or spinage?	chal aï boïl grînz, or spïn'edje?
Faites bouillir des pois et des pommes de terre.	Boil some peas, and potatoes.	boïl seum piz and po-tétoz.
Quel pouding voulez-vous?	What pudding will you have?	houot poud'ing ouil you hav?
Faites un pouding aux groseilles à maquereau, et une tourte aux cerises.	Make a gooseberry pudding, and a cherry pie.	mék é gouz'berri poud'-ing, and é tcher'ri paï.
A quelle heure voulez-vous dîner?	What time will you have your dinner?	houot taïm ouil you hav your din'neur?
Faites-nous dîner à six heures.	Let us have our dinner at six.	let eus hav aour din'-neur at siks.
Que le dîner soit prêt à six heures.	Let the dinner be ready by six.	let thi din'neur bî red'i baï siks.

DIALOGUE XXIII.

LE POISSON.

DIALOGUE XXIII.

FISH.

DAÏEULOG XXIII.

FICHE.

Avez-vous été à la poissonnerie?	Have you been to the fish-market?	hav you bîn tou thi fiche-mar'ket? [it.
J'en viens.	I have just come from it	aï hav djeust keum from
Y a-t-il du poisson?	Is there any fish?	iz ther en'i fiche?

Il y a bien peu de poisson aujourd'hui.	There is very little fish to-day.	ther iz ver'i lit'l fiche tou-dé.
Il n'y a presque pas de poisson.	There is hardly any fish.	ther iz hardli en'i fiche.
Il y a beaucoup de poisson aujourd'hui.	There is plenty of fish to-day.	ther iz plen'ti ov fiche tou-de.
Il y a une très-belle poissonnerie.	There is a full market.	ther iz é foul mar'ket.
Quelle sorte de poisson y a-t-il?	What sort of fish is there?	houot sort ov fiche iz ther?
Il y a du hareng et du merlan.	There are herrings and whitings.	ther ar her'ringz and houaitingz.
Il y a de la raie, du saumon, de la morue, et beaucoup de carrelet.	There is skate, salmon, cod, and a good deal of flat fish.	ther iz skét, sam'meun, cod, and é goud dil ov flat fiche.
Il y a des soles, des turbots, et une grande quantité de maquereaux.	There are soles, turbots, and a great quantity of mackerel.	ther ar sôlz, teur'bots, and é grét couontiti ov mac'keurel?
Avez-vous marchandé le maquereau?	Did you ask the price of mackerel?	did you ask thi praice ov mac'keurel?
Combien vend-on le maquereau?	How do they sell mackerel?	haou dou thé sel mac'keurel?
Il se vend selon la grosseur.	They sell it according to the size.	thé sel it accord'ing tou thi saiz.
On en donne trois pour un scheling.	There are three for a shilling.	ther ar *thrî* for é chil'ling.
Y a-t-il du coquillage?	Is there any shell-fish?	iz ther en'i chel-fiche?
Il y a des crevettes, de la salicoque, des cancres, et quelques homards.	There are shrimps, prawns, crabs, and a few lobsters.	ther ar chrimps, prânz, crabz, and é fiou lob'steurz.
Prenez pour deux schelings de maquereaux.	Get two shillings worth of mackerel.	*get* tou chil'lingz oueur*th* ov mac'keurel.
Ayez soin qu'il y en ait de laités, et d'œuvés.	See that there are some with soft roes, and some with hard roes	si that ther ar seum ouith soft rôz, and seum ouith hard rôz.

Apportez une douzaine de salicoques, si elles sont bien fraîches.	Bring a dozen of prawns, if they be very fresh.	bring é deuz'n ov prànz if thé bi ver'i freche.
Marchandez les soles.	Ask the price of soles.	ask thi praïce ov sôlz.
Si elles ne sont pas trop chères, prenez-en deux d'une bonne taille.	If they are not too dear, buy a pair of a good size.	if thé ar not tou dir, baï é païr ov é goud saïz.

DIALOGUE XXIV.
LA MONTRE.

DIALOGUE XXIV.
THE WATCH.

DAÏEULOG XXIV.
THI OUOTCH.

Savez-vous quelle heure il est?	Do you know what o'clock it is?	dou you nô houot o'cloc it iz?
Je ne sais pas au juste.	I don't know exactly.	aï dônt nô egzactl'i.
Je ne saurais vous le dire exactement.	I cannot tell you exactly.	aï can'not tel you egzact'li.
Regardez à votre montre.	Look at your watch.	louk at your ouotch.
Elle n'est pas montée.	It is not wound up.	it iz not ouaound eup.
J'ai oublié de la monter.	I forgot to wind it up.	aï forgot' tou ouaind it eup.
Elle ne va pas.	It does not go.	it douz not gô.
Elle s'est arrêtée.	It has stopped.	it haz stopt.
Quelle heure est-il à la vôtre?	What o'clock is it by yours?	houot o'cloc iz it baï yourz?
La vôtre va-t-elle bien?	Does yours go well?	deuz yourz gô ouel?
La mienne ne va pas bien.	Mine does not go well.	maïn deuz not gô ouel.
Elle n'est pas à l'heure.	It is not right.	it iz not raït.
Elle est en avance.	It is too fast.	it iz tou fast.
Elle est en retard.	It is too slow.	it iz tou slô.
Elle est dérangée.	It is out of order.	it iz aout ov or'deur.
Elle s'arrête de temps en temps.	It stops now and then.	it stops naou and then.
Elle retarde.	It goes too slow.	it gôz tou slô.
Elle avance.	It goes too fast.	it gôz tou fast.

Elle retarde d'un quart d'heure par jour.	It loses a quarter of an hour every day.	it louziz é couor'teur ov an aour ev'euri dé.
Elle avance tous les jours d'une demi-heure.	It gains half an hour every day.	it genz haf an aour ev'euri dé.
Il y a quelque chose de dérangé.	Something is out of order in it.	seum'*th*ing iz aout ov or-deur in it.
Il y a quelque chose de cassé.	Something is broken in it.	seum'*th*ing iz brók'n in it.
Le grand ressort est cassé.	The main spring is broken.	thi mén spring iz brók'n.
Je crois que la chaîne est rompue.	I think the chain is broken.	aï *th*ingk thi tchén iz brók'n.
Faites-la réparer.	Have it mended.	hav it mend'ed.
Il faut la faire réparer.	You must get it mended.	you meust get it mend'ed.
Je vais l'envoyer chez l'horloger.	I am going to send it to the watch-maker.	aï am gôing tou send it tou thi ouotch-mékeur
Vous ferez très-bien.	You will do very well.	you ouil dou ver'i ouel.

DIALOGUE XXV.
LE MATIN.

DIALOGUE XXV.
MORNING.

DAÏEULOG XXV.
MORN'ING.

Vous voilà levé!	You are up!	you ar eup!
Vous êtes déjà levé!	You are up already!	you ar eup olred'i!
Il y a une heure que je suis levé	I have been up this hour.	aï hav bin eup this aour.
Vous vous êtes levé de grand matin.	You got up very early.	you got eup ver'i eur'li.
Je me lève ordinairement de bonne heure.	I commonly rise early.	aï com'meunli raiz eur'li.
C'est une fort bonne habitude.	It is a very good habit.	it iz é veri goud hab'it.
Cela est très-bon pour la santé.	It is very good for the health.	it iz ver'i goud for thi hel*th*.
Comment avez-vous dormi cette nuit?	How did you sleep last night?	haou did you slip last nait?
Comment avez-vous dormi?	How have you slept?	haou hav you slept?
Avez-vous bien dormi?	Did you sleep well?	did you slip ouel?

Très-bien. J'ai dormi tout d'un somme. Je n'ai fait qu'un somme.	Very well. I never awoke all night.	ver'i ouel. ai nev'eur a-ouôk âl nait.
J'ai dormi sans me réveiller.	I slept without waking.	ai slept ouithaout ouéking.
Et vous, vous êtes-vous bien reposé?	And you, how did you rest?	and you, haou did you rest?
Pas très-bien.	Not very well.	not ver'i ouel.
Je n'ai pas très-bien dormi	I did not sleep very well.	ai did not slip ver'i ouel.
Je n'ai pas pu dormir.	I could not sleep.	ai coud not slip.
Je n'ai pas pu fermer l'œil.	I could not sleep a wink.	ai coud not slip é ouingk.
Je n'ai pas fermé l'œil de toute la nuit.	I never closed my eyes all night.	ai nev'eur clôzd mai aiz âl nait.

DIALOGUE XXVI.
MÊME SUJET.

DIALOGUE XXVI.
THE SAME.

DAILULOG XXVI.
THI SÉM.

Voici une belle matinée.	This is a fine morning.	this iz é fain morn'ing.
Quel beau jour!	What a beautiful day!	houot é biou'tifoul dé.
Superbe.	Delightful.	dilaitfoul.
Que pensez-vous d'un tour de promenade?	What do you think of taking a little walk?	houot dou you *th*ingk ov téking é lit't'l ouâk?
Aurons-nous assez de temps avant le déjeuner?	Shall we have time before breakfast?	chal oui hav taim bifôr brek'fast?
Nous avons tout le temps.	We have plenty of time.	oui hav plen'ti ov taim.
On ne déjeunera pas avant une heure d'ici.	They won't breakfast this hour.	thé ouônt brek'fast this aour.
Nous avons une grande heure à nous.	We have full an hour before us.	oui hav foul an aour bifôr eus.

Hé bien, allons prendre un peu l'air.	Well, let us go for a little airing.	ouel, let eus gô for é lit'l'l air'ing.
Cela nous ouvrira l'appétit.	It will sharpen our appetite.	it ouil charp'n aour ap'pitait.
La promenade nous donnera de l'appétit.	The walk will give us an appetite.	thi ouâk ouil giv eus an ap'pitait.
La promenade nous aiguisera l'appétit	The walk will give an edge to our appetite.	thi ouâk ouil giv an edje tou aour ap'pitait.

DIALOGUE XXVII.
DIALOGUE XXVII.
DAÏEULOG XXVII.

LE SOIR.
EVENING.
IVNING.

Il commence à se faire tard.	It begins to grow late.	it beginz tou grô léte.
Il est bientôt temps d'aller se coucher.	It is almost time to go to bed.	it iz olmôst taim tou gô tou bed.
M. A*** n'est pas encore rentré.	Mr. A*** is not come home yet.	mis'teur A*** iz not keum hôm yet.
Je ne crois pas qu'il tarde beaucoup.	I don't think he will be long.	aï dônt thingk hi ouil bi long.
Je crois qu'il ne tardera pas.	I think he will not be long.	aï thingk hi ouil not bi long.
Je suis presque sûr qu'il ne sera pas longtemps.	I dare say he will not be long.	aï der sé hi ouil not bi long.
Voici à peu près son heure.	This is about his time.	this iz abaout hiz taïm.
Il rentre ordinairement de bonne heure.	He generally keeps good hours.	hi gen'eurali kips goud aourz.
J'entends frapper.	I hear a knock.	aï hir é nok.
C'est probablement lui qui frappe.	Very likely it is he that knocks.	ver'i laikli it iz hi that noks.
Allez voir.	Go and see.	go and si.
Justement. C'est lui.	Just so. It is he.	djeust so. it iz hi.
J'espère que je ne vous ai pas fait attendre.	I hope I have not made you wait.	aï hôp aï hav not méd you ouét.
Point du tout. Il n'est que dix heures.	Not in the least. It is but ten o'clock.	not in thi list. it iz beut ten o'cloc.

Nous ne nous couchons jamais avant dix heures et demie.	We never go to bed before half past ten.	oui nev'eur gô tou bed bifôr haf past ten.
Je suis arrivé à temps.	I come just in time.	aï keum djeust in taïm

DIALOGUE XXVIII.
MÊME SUJET.

DIALOGUE XXVIII.
THE SAME.

DAÏEULOG XXVIII.
THI SÉM.

Comment avez-vous trouvé votre promenade ce soir ?	How did you find your walk to-night?	haou did you faïnd your ouàk tou-naït.
Délicieuse,—très-agréable.	Delightful,—very pleasant.	dilaïtfoul, — ver'i plez'-ant.
Il fait une soirée charmante.	It is a charming evening.	it iz é tcharm'ing ïvning.
N'êtes-vous point fatigué ?	Are you not tired?	ar you not taïrd ?
Pas beaucoup.	Not much.	not meutch.
Ne voulez-vous pas vous reposer un instant ?	Won't you rest yourself a little ?	ouônt you rest yourself' é lit't'l.
Je vous suis obligé. Je m'en vais me coucher.	No, I thank you. I shall go to bed.	no, aï thangk you. aï chal gô tou bed.
Il n'est pas tard.	It is not late.	it iz not lét.
Il est encore de bonne heure.	It is not late yet.	it iz not lét yet.
Il est l'heure de se coucher.	It is time to go to bed.	it iz taïm tou gô tou bed.
Je n'aime pas à me coucher tard.	I do not like to go to bed late.	aï dou not laïk tou gô tou bed lét.
J'aime à me coucher de bonne heure.	I like to go to bed in good time.	aï laïk tou gô tou bed in goud taïm.
Je vous souhaite une bonne nuit.	I wish you a good night.	aï ouiche you é goud naït.
Je vous le souhaite également.	I wish you the same.	aï ouiche you thi sém.
Je vous souhaite un bon repos.	I wish you a good night's rest.	aï ouiche you é goud naïts rest.

DIALOGUE XXIX.	DIALOGUE XXIX.	DAÏEULOG XXIX.
L'HIVER.	WINTER.	OUIN'TEUR.
Nous voici dans l'hiver.	It is winter.	it iz ouin'teur.
Voilà l'hiver arrivé.	Winter is come.	ouin'teur iz keum.
Je voudrais que l'hiver fût déjà passé.	I wish the winter was over already.	aï ouiche thi ouin'teur ouoz ôveur olred'i.
Pour moi, j'aime autant l'hiver que l'été.	As for me, I like winter as well as summer.	az for mi, aï laïk ouin'teur az ouel az seum'meur.
Je trouve l'hiver aussi agréable que l'été.	I find winter as agreeable as summer.	aï faind ouin'teur az agrîab'l az seum'meur.
Vous êtes le seul de cette opinion.	You are the only one of that opinion.	you ar thi ônli oueun ov that opin'yeun.
Comment peut-on aimer l'hiver?	How can any one like winter?	haou can en'i oueun laïk ouint'eur ?
Les jours sont si courts, et le froid est si insupportable!	The days are so short, and the cold is so insupportable!	thi déz ar so chort, and thi cold iz so inseuppôrt'ab'l.
On n'est bien qu'au coin du feu.	One is not comfortable but by the fire-side.	oueun iz not keum'feurtab'l beut baï thi faïr
Savez-vous patiner?	Can you skait?	can you skét? [saïd.
Avez-vous patiné cette année?	Have you skaited this year?	hav you skéted this yîr ?
Pourra-t-on patiner aujourd'hui?	Will there be any skating to-day?	ouil ther bi en'i skéting tou-dé ?
La glace ne porte pas.	The ice does not bear.	thi aïce deuz not bèr.
Vous souvenez-vous de l'année du grand froid?	Do you remember the hard frost?	dou you rimem'beur thi hard frost ?
Oui; il faisait excessivement froid?	Yes; it was excessively cold?	yes; it ouoz exces'sivli côld'.

La gelée dura deux mois et demi.	The frost lasted two months and a half.	thi frost lasted tou meun*ths* and é haf.

DIALOGUE XXX.
LE PRINTEMPS.

DIALOGUE XXX.
SPRING.

DAÏEULOG XXX.
SPRING.

Nous n'avons pas eu d'hiver cette année.	We have had no winter this year.	oui hav had no ouin'teur this yîr.
Il fait un temps de printemps.	It is spring weather.	it iz spring oueth'eur.
Il fait aujourd'hui un jour d'été.	To-day is a summer's day.	tou-dé iz é seum'meurz dé.
Il me tardait d'être au printemps.	I longed for the spring.	aï longd for thi spring.
C'est la saison que j'aime le mieux.	It is the season I like best.	it iz thi sîz'n aï laïk best.
C'est la plus agréable de toutes les saisons.	It is the most pleasant of all seasons.	it iz thi môst plez'ant ov âl sîz'nz.
Tout rit dans la nature.	Every thing smiles in nature.	ev'euri *th*ing smaïlz in nétcheur.
Tout semble renaître.	Every thing seems to revive.	ev'euri *th*ing sîmz tou rivaïv.
Tous les arbres sont blancs de fleurs.	All the trees are white with bloom.	âll thi trîz ar houaït ouith bloum.
Si le temps est favorable, il y aura bien du fruit cette année.	If the weather prove favourable, there will be plenty of fruit this year.	if thi oueth'eur prouv féveurab'l ther ouil bi plen'ti ov frout this yîr.
Tous les fruits à noyau ont manqué.	All the stone-fruits have failed.	âl thi stôn frouts hav féld.
La saison est bien avancée.	The season is very forward.	thi sîz'n iz ver'i foroueurd.
La saison est bien retardée.	The season is very backward.	thi sîz'n iz ver'i bak'oueurd.
Tout est retardé.	Every thing is backward.	ev'euri *th*ing iz bak'oueurd.

Rien n'est avancé.	Nothing is forward.	neu*th*'ing iz for'oueurd.

DIALOGUE XXXI.
L'ÉTÉ.

DIALOGUE XXXI.
SUMMER.

DAÏEULOG XXXI.
SEUM'EUR.

Je crains que nous n'ayons un été bien chaud.	I fear we shall have a very hot summer.	aï fîr oui chal hav é ver'i hot seum'meur.
Nous n'avons pas eu d'été cette année.	We have had no summer this year.	ouï hav had no scum'meur this yîr.
On se chauffait encore au mois de juillet.	We had a fire even in the month of July.	ouï had é fair iv'n in thi meun*th* ov djoulaï.
On dirait que toutes les saisons sont renversées.	One would think that the order of the seasons is inverted.	oueun ououd *th*ingk that thi or'deur ov thi siz'nz iz inveurt'ed.
On a déjà fauché les prés.	The meadows are mowed already.	thi med'ôz ar môd olred'i.
On fait les foins.	Hay-making has begun.	hé-méking haz bigeun.
Il y aura beaucoup de foin.	There will be a great deal of hay.	ther ouil bi é grét dîl ov hé.
On a commencé la moisson.	They have begun the harvest.	thé hav bigeun thi har'vest.
La récolte sera abondante.	The crop will be plentiful.	thi crop ouil bi plen'tifoul.
Il y a déjà des blés de coupés.	There is corn cut down already.	ther iz corn cut daoun olred'i.
Tout le blé sera rentré la semaine prochaine.	All the corn will be housed next week.	âl thi corn ouil bi haouzd next ouik.
Nous avons un été bien chaud.	We have a very warm summer.	ouï hav é ver'i ouorm seum'meur.
Il n'est pas étonnant qu'il fasse si chaud, nous sommes dans la canicule.	No wonder it is so warm, we are in the dog-days.	no oueun'deur it iz so ouorm, ouï ar in thi dogdéz.

DIALOGUE XXXII.
L'AUTOMNE.

Voilà l'été passé.
Nous n'aurons plus que quelques beaux jours par-ci par-là.
Les feuilles commencent à tomber.
Les matinées commencent à être froides.
Nous avons déjà fait du feu.
Le feu commence à faire plaisir.
Le feu commence à être de saison.

Le feu est un bon compagnon.
Voilà les jours bien diminués.
Les jours sont bien raccourcis.
Les soirées sont longues.
On n'y voit plus à cinq heures.
On n'y voit presque plus à quatre heures du soir.
Il fait bientôt nuit.

L'hiver approche.

Dans trois semaines les jours seront au plus bas.

DIALOGUE XXXII.
AUTUMN.

Summer is over.
We shall only have a few fine days now and then.
The leaves begin to fall.
The mornings begin to be cold.
We have had a fire already.
Fire begins to be comfortable.
Fire begins to be seasonable.

Fire is a good companion.
The days are shortened very much.
The days are much shortened.
The evenings are long.
One cannot see at five o'clock.
It is hardly daylight at four in the evening.
It is soon dark.

Winter draws near.

We shall have the shortest day in three weeks.

DAÏEULOG XXXII.
ÂTEUM.

seum'meur iz ôveur.
oui chal ônli hav é fiou faïn déz naou and then.
thi livz bigin' tou fâl.
thi morn'ingz bigin' tou bi cóld.
oui hav had é faïr olred't.
faïr biginz' tou bi keum'feurteb'l.
faïr biginz' tou bi siz'neb'l.

faïr iz é goud keumpan'yeun.
thi dez ar chort'nd ver't meutch.
thi déz ar meutch chort'nd.
thi iv'ningz ar long.
oueun can'not si at faïv o'cloc.
it iz hardli délaït at fôr in thi iv'ning.
it iz soun dark.

ouin'teur drâz nîr.

oui chal hav thi chortest dé in *thrî* ouiks.

Je voudrais déjà être à Noël.	I wish it were Christmas already.	aï ouiche it ouèr cris' meus olred'i.
Les jours commencent à croître.	The days begin to lengthen.	thi déz bigin' tou leng'*then*.

DIALOGUE XXXIII. — DIALOGUE XXXIII. — DAÏEULOG XXXIII.

CHANGER DE L'ARGENT. — CHANGE OF MONEY. — TCHÉNDJE OV MEUN'I.

Avez-vous de l'argent blanc?	Have you any silver?	hav you en'i sil'veur?
J'ai besoin de la monnaie d'un souverain.	I want change for a sovereign.	aï ouont tchéndj for é sov'eurin.
Avez-vous la monnaie d'un souverain?	Have you change for a sovereign?	hav you tchéndj for é sov'eurin?
Pouvez-vous me changer un souverain?	Can you change me a sovereign?	can you tchéndj mi é sov'eurin?
Pouvez-vous me donner la monnaie d'un souverain?	Can you give me change for a sovereign?	can you giv mi tchéndj for é sov'eurin.
Je ne le crois pas.	I don't think I can.	aï dônt *th*ingk aï can.
Je n'ai pas de monnaie sur moi.	I have no change about me.	aï hav no tchéndj abaout mi.
Je n'ai pas assez d'argent blanc.	I have not silver enough.	aï hav not sil'veur ineuf.
Allez le changer dans le premier magasin.	Go and get it changed at the next shop.	gô and get it tchéndjd at thi next chop.
Je m'en vais essayer.	I am going to try.	aï am gôing tou traï.
L'avez-vous changé?	Have you got it changed?	hav you got it tchéndjd?
Oui, en voici la monnaie.	Yes, here is the change.	yes, hîr iz thi tchéndj.
Ce sont des schellings.	They are all shillings.	thé ar âl chil'lingz.
Sont-ils tous bons?	Are they all good?	ar thé âl goud?
Je pense que oui. Vous pouvez les examiner.	I believe they are. You may look at them.	aï biliv thé ar. you mé louk at them.
Ce schelling-ci est-il bon?	Is this shilling a good one?	iz this chil'ling é goud oueun?

Celui-ci ne paraît pas bon.	This does not seem a good one.	this deuz not sìm é goud oueun.
Il n'a pas l'air bon.	It does not look well.	it deuz not louk ouel.
Que je le voie.	Let me look at it.	let mi louk at it.
Faites-le sonner.	Sound it.	saound it.
Il n'a pas bon son. — Il ne sonne pas bien.	It does not sound well.	it deuz not saound ouel.
Je le crois mauvais.	I think it is a bad one.	aï *th*ingk it iz é bad oueun.
Je crois qu'il ne vaut rien.	I think it is good for nothing.	aï *th*ingk it iz goud for neu*th*'ing.
Reportez-le. Je ne pense pas qu'il soit bon.	Take it back. I don't think it is good.	ték it bak. aï dônt *th*ingk it iz goud.
Il court beaucoup de fausse monnaie.	There is a good deal of base coin about.	ther iz é goud dïl ov béce coin abaout.

DIALOGUE XXXIV.

S'INFORMER DU CHEMIN.

DIALOGUE XXXIV.

INQUIRING THE WAY.

DAÏEULOG XXXIV.

INCOUAIRING THI OUÉ.

Quel est, je vous prie, le chemin pour aller à....?	Pray which is the way to go to....?	pré houitch iz thi oué tou gô tou...?
Quel est le plus court chemin pour aller à....?	Which is the shortest way to go to....?	houitch iz thi chortest oué tou gô tou..?
Est-ce ici le chemin de....?	Is this the way to....?	iz this thi oué tou...?
Pouvez-vous me dire si cette route conduit à...?	Can you tell me whether this road leads to....?	can you tel mi houeth'-eur this rôd lïdz tou..?
Cette route-ci ne conduit-elle pas à....?	Does not this road lead to....?	deuz not this rôd lïd tou...?
N'est-ce pas ici le chemin de....?	Is not this the way to....?	iz not this thi oué tou...?
Où conduit cette route?	Whither does this road lead?	houith'eur deuz this rôd lïd?

8

Est-ce ici le chemin pour aller à....?	Is this the right way to go to....?	iz this thi raït oué tou gô tou...?
Ne suis-je pas dans la route de....?	Am I not in the road to....?	am aï not in thi rôd tou...?
Vous êtes dans le vrai chemin.	You are in the right way.	you ar in thi raït oué.
Vous n'êtes pas dans le vrai chemin.	You are not in the right way.	you ar not in thi raït oué.
Vous êtes entièrement hors du chemin.	You are quite out of the way.	you ar couaït aout ov thi oué.

DIALOGUE XXXV.	DIALOGUE XXXV.	DAÏEULOG XXXV.
MÊME SUJET.	THE SAME.	THI SÉM.
De quel côté faut-il que j'aille?	Which way am I to go?	houitch oué am aï tou gô?
Allez droit devant vous.	Go straight before you.	gô strét bifôr you.
Vous trouverez une ruelle sur votre gauche.	You will find a lane on your left hand.	you ouil faïnd é lén on your left hand.
Suivez cette ruelle, elle vous conduira dans la grande route.	Take that lane, it will carry you to the main road.	ték that lén, it ouil car'ri you tou thi mén rôd.
Vous ne pouvez pas vous tromper de chemin.	You cannot mistake your way.	you can'not misték your oué.
Combien peut-il y avoir d'ici?	How far may it be from here?	haou far mé it bi from hîr?
Un mille, ou à peu près.	One mile, or thereabouts.	oueun maïl, or thèrabaouts.
Environ un mille. — A peu près un mille.	About a mile.	abaout é maïl.
Il peut y avoir un mille.	It may be one mile.	it mé bi oueun maïl.
Il n'y a pas plus d'un mille.	It is not more than one mile.	it iz not môr than oueun maïl.

Il y a à peine un mille.	It is hardly one mile.	it iz hard'li oueun maïl.
Il y a une bonne lieue. — Il y a une grande lieue d'ici.	It is full a league from here.	it iz é foul lîg from hîr.
Il y a un peu plus d'une lieue.	It is a little more than a league.	it iz é lit't'l môr than é lîg.
Il n'y a guère moins de trois lieues.	It is little less than three leagues.	it iz é lit't'l less than *thri* lîgz.

DIALOGUE XXXVI.
S'INFORMER D'UNE PERSONNE.

DIALOGUE XXXVI.
INQUIRING AFTER A PERSON.

DAÏEULOG XXXVI.
INCOUAIRING AFTEUR É PEUR'SEUN.

Connaissez-vous ici M. **?	Do you know Mr. ** in this place?	dou you nô mis'teur*** in this pléce?
Connaissez-vous une personne du nom de **?	Do you know a person of the name of **?	dou you nô é peur'seun ov thi ném ov ***?
N'y a-t-il pas une personne du nom de ** qui demeure en cette ville?	Is there not a person of the name of ** living in this town?	iz ther not é peur'seun ov thi ném ov ** liv'-ing in this taoun?
Ne demeure-t-il pas par ici une personne qui se nomme **?	Is there not living about here a person who is named **?	iz ther not liv'ing abaout hîr é peur'seun hou iz nemd **?
Je ne connais personne de ce nom.	I don't know any body of that name.	aï dònt nô en'i bod'i ov that ném.
Je crois que oui.	I believe there is.	aï bilîv ther iz.
Oui. Il y a quelqu'un de ce nom.	Yes. There is a person of that name.	yes. ther iz é peur'seun ov that ném.
Le connaissez-vous?	Do you know him?	dou you nô him?
Je le connais parfaitement.	I know him perfectly well.	aï nô him peur'fectli ouel.
Pouvez-vous me dire où il demeure?	Can you tell me where he lives?	can you tel mi houèr hi livz?
Où demeure-t-il?	Where does he live?	houèr deuz hi liv?
De quel côté demeure-t-il?	Whereabout does he live?	houèrabaout deuz hi liv?

Il demeure près de la poissonnerie.	He lives near the fish-market.	hi livz nir thi fiche-mar'ket.
Il demeure dans telle rue.	He lives in such a street.	hi livz in seutch é strit.
Est-ce loin d'ici?	Is it far from here?	iz it far from hir?
Ce n'est qu'à deux pas d'ici.	It is but two steps from here.	it iz beut tou steps from hir.
C'est très-près d'ici.	It is but a very little way.	it iz beut é ver'i lit't'l oué.
Pouvez-vous m'indiquer sa maison.	Can you direct me to his house?	can you direct mi tou hiz haouce?
Je vais moi-même de ce côté-là.	I am going that way myself.	ai am gôing that oué maiself'.
Je vous montrerai où il demeure.	I will show you where he lives.	ai ouil chô you houèr hi livz.
Je vous montrerai sa maison.	I will show you his house.	ai ouil chô you hiz haouce.

DIALOGUE XXXVII.

DIALOGUE XXXVII.

DAÏEULOG XXXVII.

TRAVAIL A L'AIGUILLE.

NEEDLE-WORK.

NÎDEUL-OUEURK.

J'ai besoin d'une aiguille.	I want a needle.	ai ouont é nîd'l.
Qu'est-ce que vous allez coudre?	What are you going to sew?	houot ar you gôing tou sô?
Je vais raccomoder ma robe.	I am going to mend my gown.	ai am gôing tou mend mai gaoun.
Cette aiguille est trop grosse.	This needle is too large.	this nid'l iz tou lardje.
En voici une autre.	Here is another.	hir iz aneuth'eur.
Celle-ci est trop fine.	This is too small.	this iz tou smâl.
Donnez-moi du fil, de la soie, du coton, de la laine.	Give me some thread, some silk, some cotton, some worsted.	giv mi seum thred, seum silk, seum cot't'n, seum oueursted.
Quelle couleur vous faut-il?	What colour do you want?	houot keul'eur dou you ouont?
Il me faut du rouge.	I want some red.	ai ouont seum red.
Pour quoi est-ce faire?	What is it for?	houot iz it for?
Pour piquer mon col.	To stitch my collar	tou stitch mai col'leur.

Est-ce là la couleur qu'il vous faut?	Is this the colour you want?	Iz this thi keul'eur you ouont?
Cette couleur n'ira pas.	This colour will not do.	this keul'eur ouil not dou.
Elle est trop foncée.	It is too deep.	it iz tou dip.
Elle est trop claire.	It is too light.	it iz tou laït.
Elle ira très-bien.	It will do very well.	it ouil dou ver'i ouel.
Avez-vous fini votre tablier?	Have you finished your apron?	hav you fin'icht your apeurn?
Pas tout à fait.	Not quite.	not couaït.
J'ai eu autre chose à faire.	I have had something else to do.	aï hav had seum'*thing* else tou dou.
Qu'avez-vous eu à faire?	What have you had to do?	houot hav you had tou dou?
J'ai ourlé mon mouchoir.	I have been hemming my handkerchief.	aï hav bin hem'ming maï han'keurchif.
Ensuite, j'ai eu mes gants à coudre.	Then I had my gloves to sew.	then aï had maï gleuvz tou sô.
Après cela j'ai fait une reprise à mon tablier de mousseline.	After that I darned my muslin apron.	af'teur that aï darnd maï muz'lin apeurn.
En vérité, vous avez été bien occupée.	Indeed you have been very busy.	indîd you hav bin ver'i biz'zi.

DIALOGUE XXXVIII.

LE FEU.

DIALOGUE XXXVIII.

FIRE.

DAÏEULOG XXXVIII.

FAIRE.

Le feu est bien bas.	The fire is very low.	thi faïr iz lô.
Voici un pauvre feu.	Here is a poor fire.	hîr iz é pour faïr.
Voici un bien mauvais feu.	Here is a very bad fire.	hîr iz é ver'i bad faïr.
Vous n'avez pas eu soin du feu.	You have not taken care of the fire.	you hav notték'n kèr ov thi faïr.
Vous n'avez pas entretenu le feu.	You have not kept the fire up.	you hav not kept thi faïr eup.

Vous avez laissé tomber le feu.	You have let the fire go down.	you hav let thi fair gô daoun.
Vous avez laissé éteindre le feu.	You have let the fire go out.	you hav let thi fair gô aout.
Il n'est pas tout à fait éteint.	It is not quite out.	it iz not couait aout.
Il faut qu'il soit rallumé.	It must be lighted up again.	it meust bi laited eup agen'.
Venez arranger le feu.	Come and make up the fire.	keum and mék eup thi fair.
Que cherchez-vous ?	What are you looking for?	houot ar you louk'ıng for ?
Je cherche les pincettes.	I am looking for the tongs.	aı am louk'ıng for thi teungz.
Les voici dans le coin.	Here they are in the corner.	hir thé ar in thi corn'-eur.
Où est le soufflet ?	Where are the bellows?	houèr ar thi bel'leuce ?
Allez chercher le soufflet.	Go and fetch the bellows.	gô and fetch thi bel'leuce
Soufflez le feu.	Blow the fire.	blô thi fair.
Soufflez-le doucement.	Blow it gently.	blô it djent'li.
Ne soufflez pas si fort.	Do not blow so hard.	dou not blô so hard.
Mettez quelques copeaux en dessus.	Put a few shavings on the top.	pout é fiou chév'ıngz on thi top.
Maintenant mettez deux ou trois morceaux de bois.	Now put on two or three pieces of wood.	naou pout on tou or *thrî* pîcız ov ououd.
Il va prendre dans un instant.	It will soon draw up.	it ouil soun drà eup.

DIALOGUE XXXIX.
MÊME SUJET.

DIALOGUE XXXIX.
THE SAME.

DAÏEULOG XXXIX.
THI SÉM.

Y a-t-il du charbon dans le seau?	Are there any coals in the scuttle?	ar ther en'i côlz in thi skeut'l'l ?
Prenez la pelle et mettez du charbon.	Take the shovel and put on some coals.	ték thi cheuv'l and pout on seum côlz.

N'en mettez pas trop à la fois.	Do not put on too many at a time.	dou not pout on tou men'i al é taïm.
Si vous mettez trop de charbon, vous éteindrez le feu.	If you put on too many coals, you will put the fire out.	if you pout on tou men'i côlz, you ouil pout thi faïr aout.
Vous avez presque étouffé le feu.	You have almost smothered the fire.	you hav âlmôst smeuth'-eurd thi faïr.
Soulevez-le avec le tisonnier, cela lui donnera un peu d'air.	Raise it with the poker, it will give it a little air.	réz it ouith thi pôkeur, it ouil giv it e lit'l'l air.
Laissez le tisonnier dedans, et le feu prendra bientôt.	Leave the poker in, and the fire will soon burn up.	liv thi pôkeur in, and thi faïr ouil soun beurn eup
Il va prendre dans un instant.	It will burn up presently.	it ouil beurn eup prez'-entli.
Il commence à flamber.	It begins to blaze.	it biginz' tou bléz.
Maintenant voici un bon feu.	Now the fire is very good.	naou thi faïr iz ver'i goud.
Vous l'avez très-bien arrangé.	You have made it up very well.	you hav méd it eup ver'i ouel.

DIALOGUE XL.
LES FRUITS.

DIALOGUE XL.
FRUIT.

DAÏEULOG XL.
FROUTE.

Voulez-vous faire un tour de jardin?	Should you like to take a turn in the garden?	choud you laïk tou téké teurn in thi gard'n?
Volontiers.	Willingly.	ouil'lingli.
J'aime beaucoup les jardins.	I am very fond of gardens.	aï am ver'i fond ov gard'nz.
Les arbres ont fini de fleurir.	The trees have done blowing.	thi triz hav deun blôing.
Les pruniers promettent beaucoup cette année.	There is a great show of plums this year.	ther iz é grét chô ov pleumz this yir.
Les prunes commencent à se nouer.	The plums begin to set.	thi pleumz bigin' tou set.
Elles sont nouées.	They are set.	thé ar set.

Quelle quantité il y en a!	How thick they hang!	haou *th*ic thé hang!
Elles sont beaucoup trop drues.	They are a great deal too thick.	thé ar é grét dîl tou *th*ic.
Il y en a beaucoup trop.	There are a great deal too many.	ther ar é grét dîl tou men'i.
Elles ont besoin d'être éclaircies.	They want thinning.	thé ouont *th*in'ning.
Il y aura très-peu d'abricots cette année.	There will be very few aprico's this year.	ther ouil bi ver'i fiou épricots this yîr.
Ils ont généralement manqué.	They have generally failed.	thé hav djen'euralli féld.
Que ces pêches ont bonne mine!	How tempting these peaches look!	haou tem'ting thiz pîtchiz louk!
Vous avez beaucoup de brugnons.	You have plenty of nectarines.	you hav plen'ti ov nec'tarinz.
Cet arbre-ci en donne une grande quantité tous les ans.	This tree bears a great many every year.	this tri bèrz é grét men'i ev'euri yîr.
Cet arbre donne beaucoup de fruit.	This tree is a great bearer.	this tri iz é grét bèreur.
Les cerises et les fraises sont maintenant en pleine saison.	Cherries and strawberries are now in their prime.	tcher'riz and strå'berriz ar naou in thèr praim.
Elles seront bientôt passées.	They will soon be over.	thé ouil soun bi óveur.
Ce raisin est tout à fait mûr.	These grapes are quite ripe.	thîz gréps ar couait raïp.
J'en ai eu de mûr il y a huit jours.	I had some ripe a week ago.	aï had seum raïp é ouîk ago.
Il est bien précoce	They are very early.	thé ar ver'i eur'li.
Cette vigne est dans une belle exposition.	This vine lies in a fine aspect.	this vaïn laiz in é faïn as'pect.
Comment sont les arbres dans votre verger?	How are the trees in your orchard?	haou ar thi trîz in your or'tcheurd?

Ils sont chargés de fruit.	They are loaded with fruit.	thé ar lôded ouith frout.

DIALOGUE XLI.
LES FLEURS.

DIALOGUE LXI.
FLOWERS.

DAÏEULOG XLI.
FLAOU'EURZ.

Vous n'avez pas vu mes fleurs.	You have not seen my flowers.	you hav not sin mai flaou'eurz.
Venez voir mes fleurs.	Come and see my flowers.	keum and si mai flaou'eurz.
Elles sont superbes.	They are beautiful.	thé ar biou'tifoul.
Le jardin commence à présenter un joli coup d'œil.	The garden begins to look pleasant.	thi gar'd'n biginz' tou louk plez'ant.
Les fleurs viennent en abondance.	The flowers come up apace.	thi flaou'eurz keum eup apéce.
Il y a quelque temps que le safran est en fleur.	The crocuses have been in bloom some time.	thi crôkeusiz hav bin in bloum seum taim.
Les narcisses fleuriront bientôt.	The daffodils will soon come out.	thi daf'fodilz ouil soun keum aout.
Vos tulipes sont-elles fleuries?	Are your tulips blown?	ar your tioulips blôn?
Oui. Nous les verrons dans un moment.	Yes. We shall see them presently.	yes. oui chal si them prez'entli.
Quelle superbe planche vous en avez!	What a fine bed you have of them!	houot é fain bed you hav ov them!
Les jacinthes sont presque passees.	The hyacinths are almost over.	thi haïacinths ar âlmôst ôveur.
Quelle fleur est-ce là?	What flower is this?	houot flaou'eur iz this?
Comment nommez-vous cette fleur?	What is the name of this flower?	houot iz thi nem of this flaou'eur?
Quelle belle ravenelle double!	What a beautiful double wallflower!	houot é bioutifoul deub'b'l ouâlflaou'eur!
Voici une superbe giroflée double.	Here is a fine double stock.	hîr iz é fain deub'b'l stoc.
Aimez-vous les œillets?	Are you fond of pinks?	ar you fond ov pinks?

Oui. Mais je n'en aime pas l'odeur.	Yes. But I don't like the smell.	yes. beut aï dônt laïk thi smel.
En voici d'assez beaux.	Here are some pretty fine ones.	hir ar seum pret'ti faïn oueunz.
Vous n'avez pas vu mes renoncules.	You have not seen my ranunculuses.	you hav not sin maï raneun'kioulensiz.
Elles sont de toute beauté.	They are very beautiful.	the ar ver'i biou'tifoul.
Vous avez une superbe collection de fleurs.	You have a very fine collection of flowers.	you hav é ver'i faïn collec'cheun ov flaou'eurs
Vous tenez votre jardin bien propre.	You keep your garden very clean.	you kip your gar'd'n ver'i clin.
Votre jardin est parfaitement bien tenu.	Your garden is kept in perfect order.	your gar'd'n iz kept in peur'fect or'deur.

DIALOGUE XLII. — DIALOGUE XLII. — DAÏLULOG XLII.

LÉGUMES. — VEGETABLES. — VEDJ'ETEUB'LZ.

Maintenant, il faut que j'aille faire une visite à votre jardin potager.	Now I must pay a visit to your kitchen garden.	naou aï meust pé é viz'it tou your kitch'n gar'd'n.
Comme tout pousse!	How every thing grows!	haou ev'euri thing gròz.
La pluie a fait beaucoup de bien.	The rain has done a great deal of good.	thi rén haz deun é grét dil ov goud.
Nous en avions bien besoin.	We wanted it very much.	oui ouonted it ver'i meutch.
Quelle quantité de choux et de choux-fleurs!	What a quantity of cabbages and cauliflowers!	houot é couon'titi ov cab'bidjiz and col'i-flaoueurz!
Nous en faisons une grande consommation dans la maison.	We consume a great many in the family.	oui consioum' é grét men't in thi fam'ili.
Voici un beau plant d'asperges.	Here is a fine bed of asparagus.	hir iz é faïn bed ov as-par'ageuss.
Je les aime extrêmement.	I am very fond of them.	aï am ver'i fond ov them.
J'aime presque autant les artichauts.	I like artichokes nearly as well.	aï laïk ar'titchôks nirli az ouel.

Ces pois sont déjà en fleur.	These peas are in bloom already.	thîz pîz ar ın bloum olred'i.
J'en ai en cosse dans un autre endroit.	I have some in pods in another place.	aı hav seum in podz in aneuth'eur pléce.
Avez-vous planté des haricots?	Have you planted any kidney beans?	hav you planted en'ı kid'ni bînz
J'en ai qui sont hors de terre.	I have some out of the ground.	aı hav seum aout ov thı graound.
J'en ai de levés.	I have some up.	aï hav seum eup.
Vous en aurez de bonne heure.	You will have some very early.	you ouıl hav seum ver'i eur'lı.
Voici des fèves de marais en fleur.	Here are garden beans in blossom.	hîr ar gard'n bînz in blos'seum.
Vous en aurez en abondance.	You will have plenty of them.	you ouıl hav plen'ti ov them.
Vous en aurez pleine récolte.	You will have a full crop.	you ouıl hav é foul crop

DIALOGUE XLIII. — DIALOGUE XLIII. — DAÏEULOG XLIII.

MÊME SUJET. — THE SAME. — THI SÉM.

Qu'est-ce que cela?	What is that?	houot iz that?
Ce sont des salsifis.	It is salsify.	it iz sal'sıfaı.
Plus loin sont des carottes et des panais.	Further are carrots and parsnips.	feur'theur ar car'rots and par'snıps.
Qu'avez-vous là? — Qu'est-ce que vous avez là?	What have you there?	houot hav you ther?
Ce sont des topinambours.	They are Jerusalem artichokes.	thé ar djırouzalem ar'titchôks.
Je n'en avais jamais vu auparavant.	I had never seen any before.	aı had nev'eur sîn en'i bifôr.
Est-ce là de l'oignon?	Are these onions.	ar thız eun'yeunz?
Non. Ce sont des poireaux.	No. They are leeks.	no. thé ar lîks.
Ils ressemblent beaucoup à de l'oignon.	They are very much like onions.	thé ar ver'i meutch laïk eun'yeunz.

Je vois que vous avez toutes sortes de salade.	I see you have all sorts of salad.	aï si you hav âl sorts ov sal'ad.
Voici de la laitue et de la romaine.	Here is cabbage-lettuce, and coss-lettuce.	hîr iz cab'bidj let'tiouce, and coss' let'tiouce.
Ceci est de la chicorée.	This is endive.	this iz en'daïv.
Je la préfère à la laitue.	I prefer it to lettuce.	aï prifeur it tou let'tiouce
Vous en avez abondamment.	You have a great plenty of them.	you hav é grét plen'ti ov them.
Je ne vois point de céleri.	I don't see any celery.	aï dônt si en'i cel'euri.
Il est dans un autre endroit du jardin.	It is in another part of the garden.	it iz in aneuth'eur part of the gar'd'n.
Votre jardin me paraît assez bien rempli.	I think your garden is pretty well stocked.	aï *thingk* your gar'd'n iz pret'ti ouel stoct.
Vous avez de tout en abondance.	You have plenty of every thing.	you hav plenti ov ev'euri *thing*.
Il vaut mieux avoir trop que trop peu.	It is better to have too much than too little.	it iz bet'teur tou hav tou meutch than tou lit't'l.

DIALOGUE XLIV.
DIALOGUE XLIV.
DAÏEULOG XLIV.

LA PROMENADE.
WALKING.
OUAKING.

Irons-nous faire un petit tour?	Shall we go and take a little walk?	chal oui gô and ték é lit't'l ouâk?
De tout mon cœur.	With all my heart.	ouith âl maï hart.
Je vous demanderai la permission d'aller prendre ma canne.	I must beg leave to go and take my stick.	aï meust beg liv tou gô and ték maï stick.
Je serai à vous dans une minute.	I will be with you in a minute.	aï ouil bi ouith you in é min'it.
Maintenant, je suis prêt à vous suivre.	Now, I am ready to follow you.	naou, aï am red'i tou fol'lo you.
Je suis à vos ordres.	I am at your command.	aï am at your command'.
Nous partirons quand vous voudrez.	We will go when you please.	oui ouil gô houen you plîz

De quel côté irons-nous ?	Which way shall we go ?	houitch oué chal oui go?
Allons dans la campagne.	Let us go into the fields.	let eus gô intou thi fildz.
J'ai peur qu'il n'y ait beaucoup de poussière dans les chemins.	I am afraid the roads are very dusty.	aï am afréd thi rôdz ar ver'i deus'ti
La pluie a un peu abattu la poussière.	The rain has laid the dust a little.	thi rén haz léd thi deust é lit't'l.
Traversons les houblonnières.	Let us go through the hop-grounds.	let eus gô throu thi hop-graoundz.
C'est une promenade fort agréable.	It is a very pleasant walk.	it iz é ver'i plez'ant ouâk.
Nous serons à l'abri du soleil.	We shall be sheltered from the sun.	oui chal bi chel'teurd from thi seun.
Voulez-vous traverser ce champ ?	Will you cross this field ?	ouil you cross this fild ?
Peut-on passer à travers ce champ ?	Is there a thoroughfare across this field ?	iz ther é theur'rofèr across this fild ?
Allons par ce sentier.	Let us take this path.	let eus ték this path.
C'est le plus court pour retourner à la maison.	It is the nearest way to go home.	it iz thi nîrest oué tou gô hôm.
Il n'est pas tard.	It is not late.	it iz not lét.
J'ai envie de rentrer de bonne heure.	I want to be home in good time.	aï ouont tou bi hôm in goud taim.
Nous n'avons qu'une demi-heure de chemin.	We have only half an hour's walk.	oui hav ônli haf an aourz ouâk.
Nous serons revenus de bonne heure.	We shall reach home in good time.	oui chal ritch hôm in goud taim.

DIALOGUE XLV.   DIALOGUE XLV.   DAÏEULOG XLV.

LA PLUIE.   RAIN.   RÉN.

Que pensez-vous du temps ?	What do you think of the weather ?	houot dou you thingk ov thi oueth'eur ?

Je crois que nous aurons de la pluie.	I think we shall have some rain.	aï thingk oui chal hav seum réne.
Nous aurons de la pluie d'ici à peu de temps.	We shall have some rain before long.	oui chal hav seum réne bifôr long.
Je le crois aussi, le baromètre baisse beaucoup.	I think so too, the glass falls very much.	aï thingk so tou, thi glass fâlz ver'i meutch.
Nous pourrons avoir quelques ondées, car le ciel se couvre.	We may have some showers, for the sky gets cloudy.	oui mé hav seum chaoueurz for thi skaï gets claou'dı.
Nous avons grand besoin de pluie.	We are in great want of rain.	oui ar in grét ouânt ev réne.
Un peu de pluie ne fera pas de mal.	A little rain won't do any harm.	é lit't'le réne ouônt dou en'ı harm.
Un peu de pluie ferait du bien aux jardins.	A little rain would do good to the gardens.	é lit't'l réne ououd dou goud tou thi gaı'd'nz.
Ne trouvez-vous pas qu'il fait bien chaud pour la saison?	Don't you think it is very warm for the season?	dônt you thingk it iz ver'ı ouorm for thı sîz'n?
Oui. Ce printemps est le plus chaud dont je me souvienne.	Yes. This is the warmest spring I can remember.	yes. this iz thi ouormest spring aı can rimem'beur.
Le soleil est aussi chaud qu'au cœur de l'été.	The sun is as hot as in the middle of summer.	thi seun iz az hot az ın thi mid'd'l ov seum'meur.
J'ai peur que nous n'en soyons punis après.	I am afraid we shall pay for it afterwards.	aï am afréd oui chal pé for it af'teurouordz.
Je crains qu'après ce temps il ne nous vienne du froid.	I fear we shall have cold weather after this.	aï fîr oui chal hav côld oueth'eur af'teur this.
Cela est assez probable.	It is likely enough.	it iz laïkli ineuf'.

DIALOGUE XLVI.	DIALOGUE XLVI.	DAÏEULOG XLVI.
APRÈS LA PLUIE.	AFTER RAIN.	AFTEUR RÉN.
Je ne suis pas encore sorti depuis la pluie.	I have not been out since the rain.	aï hav not bîn aout since thi réne.
Ni moi non plus.	Nor I either.	nor aï îtheur.
Allons voir si tout a bonne mine dehors.	Let us go and see how things look abroad.	let eus gô and si haou *thingz* louk abrâd.
La campagne a une apparence toute différente.	The country looks quite different.	thi keun'tri louks couaït dif'feurent.
Il fait bien meilleur à marcher aujourd'hui.	It is much more pleasant walking to-day.	it iz meutch môr plez'ant ouâking tou-dé.
La pluie a abattu la poussière.	The rain has laid the dust.	thi réne haz led thi deust.
La pluie a rafraîchi le temps.	The rain has made the weather cooler.	thi réne haz méd thi oueth'eur coul'eur.
Il ne fait pas à beaucoup près si chaud qu'il faisait.	It is not near so warm as it was.	it iz not nîr so ouorm az it ouoz.
Quelle différence d'aujourd'hui à la journée d'hier !	What a difference from what it was yesterday!	houot é dif'feurence from houot it ouoz yes'teurdé !
Comme tout a un air de fraîcheur !	How fresh every thing looks !	haou freche ev'euri *thing* louks !
Tout a un air vivant.	Every thing looks alive.	ev'euri *thing* louks alaïv
Le gazon semble déjà tout reverdi.	The grass-plot seems quite green already.	thi grass-plot sîmz couaït grîn olred'i.
La pluie a ranimé toutes les plantes.	The rain has revived all the plants.	thi réne haz rivaïvd âl thi plants.
Tout pousse et vient à vue d'œil.	Every thing shoots up, and grows visibly.	ev'euri thing chouts eup, and grôz viz'ibli.
La pluie a fait beaucoup de bien.	The rain has done a great deal of good.	thi réne haz deun é grét dil ov goud.
Un peu plus ne ferait pas de mal.	A little more would do no harm.	é lit't'l môr ououd dou no harm.

DIALOGUE XLVII.	DIALOGUE XLVII.	DAÏEULOG XLVII.
EN RENCONTRANT UN AMI.	MEETING A FRIEND.	MÎTING É FREND.
Quoi ! est-ce vous ?	What ! is it you ?	houot ! iz it you ?
Est-ce bien vous ?	Is it really you ?	iz it rïalli you ?
C'est moi-même.	No other. — Myself.	no euth'eur.—maïself'.
C'est moi en personne.	It is I in person.	it iz aï in peur'seun.
Vous me surprenez tout à fait.	You quite surprise me.	you couaït seurpraïz mî
Je ne m'attendais pas à vous rencontrer ici.	I did not expect to meet you here.	aï did not ecspect tou mît you hîr.
Je suis bien aise de vous rencontrer.	I am very glad to meet you.	aï am ver'i glad tou mît you.
Je suis ravi de vous voir.	I am very happy to see you.	aï am ver'i hap'pi tou si you.
Depuis quand êtes-vous de retour ?	When did you return ?	houen did you riteurn' ?
Je suis venu hier au soir.	I came home last night.	aï kém hôm last naït.
Comment êtes-vous venu ?	How did you come ?	haou did you keum ?
Je suis venu par la diligence.	I came by the stage-coach.	aï kém baï thi stédj-côtch.
Je suis venu par le chemin de fer.	I came by the rail-way.	aï kem baï thi rél-oué.
Je suis venu en poste.	I came by post-chaise.	aï kém baï post-chéze.
Je suis venu par la malle.	I came in the mail coach.	aï kém in thi mél-côtch.
Vous venez un peu subitement.	You come rather unexpected.	you kém ra'theur unec-spec'ted.
Un peu.	Rather so.	rath'eur so.
Je comptais rester tout l'été.	I thought to stay all the Summer.	aï thât tou sté âl thi seum'meur.
Qu'est-ce qui vous a fait revenir sitôt ?	What makes you return so soon ?	houot méks you riteurn so soun ?
Quelques affaires demandent ma présence ici.	Some business requires my presence here.	seum biz'ness ricouaïrz maï prez'ence hîr.

Comment avez-vous trouvé votre voyage?	How did you like your journey?	haou did you laïk your djeur'né.
Je l'ai trouvé fort agréable.	I liked it very well.	aï laïkt it ver'i ouel.
J'ai eu un voyage fort agréable.	I have had a very pleasant journey.	aï hav had é ver'i plez'ant djeur'né.
Quand aurai-je le plaisir de vous voir chez moi?	When shall I have the pleasure of seeing you at my house?	houen chal aï hav thi plej'eur ov sîing you at maï haouce?
Quand voulez-vous venir dîner avec nous?	When will you come and dine with us?	houen ouil you keum and daïn ouith eus?
Je ne sais. J'ai quelques affaires à finir.	I don't know. I have a little business to do.	aï dônt nô. aï hav é lit't'l biz'ness tou dou.
J'aurai l'honneur de vous voir demain dans la journée.	I shall wait upon you some time to-morrow.	aï chal ouét eupon you seum taïm tou-mor'o.
Nous serons bien enchantés de vous voir.	We shall be very happy to see you.	oui chal bi ver'i hap'pi tou si you.

TROISIÈME PARTIE

THIRD PART.

DIALOGUES FAMILIERS. — FAMILIAR DIALOGUES. FAMILYEUR DAÏEULOGZ.

DIALOGUE I. DIALOGUE I. DAÏEULOG I.

EN ALLANT A L'ÉCOLE.	GOING TO SCHOOL.	GÔING TOU SCOUL.
Où courez-vous si vite?	Where are you running so fast?	houèr ar you reun'ing so fast?
Je vais à la pension. N'avez-vous pas entendu la cloche?	I am going to school. Did you not hear the bell?	aï am gôing tou scoul. did you not hîr thi bel?

sans doute. Mais qu'avons-nous besoin de nous presser? Nous serons arrivés assez tôt.	To be sure, I did. But why should we hurry? We shall be there soon enough.	tou bi chour, ai did. beut houai choud oui heur'-ri? oui chal bi ther soun meuf?
On n'arrive point assez tôt quand on n'arrive point à l'heure.	One is not soon enough, when not in time.	oueun iz not soun ineuf houen not in taim
Nous avons tout le temps. La cloche sonnait encore il n'y a qu'un instant.	We have plenty of time. The bell has not ceased ringing above a minute.	oui hav plenti ov taim. thi bel haz not cist ring'ing abeuv e min' it
C'est justement pour cela que nous devrions être arrivés.	For that very reason, we should be there now.	for that ver'i riz'n oui choud bi ther naou.
Au pis aller, si nous arrivons un peu trop tard, nous en serons quittes pour être grondés.	At the worst, if we arrive a little too late, we shall only be scolded for it.	at thi oueurst, if oui arraiv e lit't'l tou let, oui chal ônli bi scólded for it.
Comptez-vous cela pour rien? Moi, je n'aime point à être grondé.	Do you call that nothing? For my part I do not like to be scolded.	dou you câl that neuth'-ing? for mai part ai dou not laik tou bi scólded.
Voilà comme vous êtes toujours. Vous ne voulez jamais faire comme les autres.	That is always your way. You never will do like others.	that iz álouéz your oué. you nev'eur ouil dou laik euth'eurz.
Tant pis pour les autres. Pourquoi ne font-ils pas comme ils doivent faire?	So much the worse for the others. Why don't they do as they should?	so meutch thi oueurce for thi euth'eurz. houai dônt thé dou az thé choud?
Voyez. Voilà encore je ne sais combien d'élèves derrière nous.	See. There are a great many boys yet behind us.	si. ther ar é grét men'i boiz yet bihaind eus.
Attendons-les. Nous entrerons tous ensemble.	Let us wait for them. We shall go in all together.	let eus ouét for them. oui chal gô in ál tougeth'eur.

Non, non. Je n'attendrai personne.	No, no. I will wait for nobody.	no, no. aï ouil ouet for nôbodi.
Si vous voulez venir avec moi, courons; ou sinon, adieu.	If you choose to come with me, let us run; if not, good bye.	if you chouz tou keum ouith mi, let eus reun; if not, goud baï.
Pour moi, je ne m'arrêterai pas un moment de plus.	For my own part, I won't stay a moment longer.	for maï ôn part, aï ouônt sté é môment long'-gueur.

DIALOGUE II.
ENTRE DEUX ÉCOLIERS.

DIALOGUE II.
BETWEEN TWO SCHOOL-BOYS.

DAÏEUIOG II.
BITOUIN TOU SCOUL BOIZ.

Que cherchez-vous?	What are you looking for?	houot ar you louk'ing for?
Je cherche une plume de fer.	I am looking for a steel-pen.	aï am louk'ing for e stil pen.
En voici plusieurs.	Here are several.	hîr ar sev'eural.
Je vous remercie, je prendrai celle-ci.	I thank you, I will take this one.	aï thangk you, aï ouil ték this oueun.
Ayez la bonté de me prêter un porte-plume.	Be so good as to lend me a pen-holder.	bi so goud az tou lend mi é pen-hôldeur.
Cette plume est mauvaise, elle coupe le papier.	This is a bad pen, it cuts the paper.	this iz é bad pen, it keuts thi pépeur.
Elle crache.	It spatters.	it spat'teurz.
Choisissez-en une autre.	Choose another.	chouz aneuth'eur.
Pouvez-vous me prêter une feuille de papier?	Can you lend me a sheet of paper?	can you lend mi é chîte ov pépeur?
Quelle sorte de papier voulez-vous?	What sort of paper do you want?	houot sort ov pépeur dou you ouont?
Quel papier désirez-vous?	What paper do you wish to have?	houot pépeur dou you ouiche tou hav?
Du papier à lettres. Je n'en ai pas une seule feuille dans ma boite.	Some letter paper. I have not one single sheet in my box.	seum let'teur pépeur. aï hav not oueun sing'g'l chîte in maï box.

En voici une. Si vous n'en avez pas assez d'une, j'en ai encore à votre service.	Here is one. If one is not enough, I have more at your service.	hir iz oueun. if oueun iz not ineuf, aï hav môr at your seur'viss.
Je vous remercie. Une feuille suffira.	I thank you. One sheet will do.	aï *th*angk you. oueun chîte ouil dou.
Je vous la rendrai tantôt, car je vais en envoyer acheter.	I will return it to you by and by; for I am going to send for some.	aï ouil riteurn it tou you baï and baï; for aï am gôing tou send for seum.
Il n'y a rien qui presse. Mais, dites-moi, à qui allez-vous écrire?	There is no hurry. But, tell me, whom are you going to write to?	ther iz no heur'ri. beut, tel mi, houm ar you gôing tou raït tou?
Je vais écrire à ma famille.	I am going to write to my friends.	aï am gôing tou raït tou maï frendz.
Je m'en doutais. Présentez-leur mes respects.	I thought so. Present my respects to them.	aï *th*ât so. prizent' maï rispects' tou them.
Je n'y manquerai pas.	I will — I will not fail.	aï ouil — aï ouil not fèl.

DIALOGUE III.

LE LEVER.

DIALOGUE III.

RISING.

DAÏEULOG III.

RAIZING.

Qui est là?	Who's there?	houz ther.
C'est moi. Debout, debout.	It is I. Up, up.	it iz aï. eup, eup.
Quelle heure est-il?	What o'clock is it?	houot o'cloc iz it?
Il est temps de se lever.	It is time to get up.	it iz taïm tou *g*et eup.
Déjà! C'est impossible. Il n'y a pas deux heures que je suis couché.	Already! It is impossible. I have not been in bed two hours.	olred'i! it iz impos'sib'l. aï hav not bin in bed tou aourz.
Deux heures! Il y en a près de dix.	Two hours! You have been in bed almost ten.	tou aourz! you hav bin in bed olmôst ten.
Si l'on vous écoutait,	If they would humour	if thé ououd you'meur

vous dormiriez toute la journée.	you, you would sleep all day long.	you, you ououd slip âl dé long.
J'étais si bien quand vous m'avez réveillé !	I was so comfortable when you awoke me!	aï ouoz so keum'feurteb'l houen you a-ouôk mi !
C'est bien dommage, assurément !	Indeed, it is a great pity !	indîd, it iz é grét pit'i !
Mais dépêchez-vous, et habillez-vous promptement.	But make haste, and dress yourself quickly.	beut mék hést, and dress yourself couik'li.
Qu'y a-t-il tant qui presse ?	Why such a hurry ?	houaï seutch é heur'ri ?
Il y a déjà plus d'un quart d'heure que tous les élèves sont en classe.	All the boys have been in school this quarter of an hour and more.	âl thi boïz hav bin in scoul this couor'teur ov an aour and môr.
Hé bien, ne peuvent-ils pas commencer sans moi ?	Well, can't they begin without me ?	ouel, cant thé bigin' ouithaout' mi ?
Du train que vous y allez, ils pourront bien effectivement commencer sans vous. Mais gare les punitions.	If you loiter so, they are indeed very likely to begin without you. But beware of punishment.	if you loïteur so, thé ar indid ver'i laïkli tou bigin' ouithaout you. beut bi-ouèr ov peun'-ichement.
Que puis-je faire à cela ? Est-ce ma faute, si j'ai envie de dormir ?	How can I help it ? Is it my fault, if I am sleepy ?	haou can aï help it ? iz it maï fâlt if aï am slîpi ?
Allons, allons. Je n'ai pas le temps de raisonner avec vous.	Come, come. I have no time to argue with you.	keum, keum. aï hav no taïm tou ar'giou ouith you.
Dépêchez-vous, vous dis-je, et descendez tout de suite.	Make haste, I say, and come down immediately.	mék hést, aï sé, and keum daoun immî-dietli.
Me voilà prêt.	I am ready.	aï am red'i.
Oui ; mais ce n'a pas été sans peine	Yes ; but it was not without difficulty.	yes ; beut it ouoz not ouithaout dif'fikeulti.

DIALOGUE IV.	DIALOGUE IV.	DAÏEULOG IV.
ENTRE UN FRANÇAIS ET UN ANGLAIS.	BETWEEN A FRENCH-MAN AND AN ENGLISHMAN.	BÎTOUIN É FRENTCH'-MAN AND AN ING'-GLICHEMAN.
Monsieur, êtes-vous Français?	Sir, are you a Frenchman?	seur, ar you é frentch-man?
Oui, Monsieur.	Yes, Sir.	yes, seur.
De quelle partie de la France êtes-vous?	What part of France did you come from?	houot part of frence did you keum from?
De la Picardie, de la Normandie, de la Flandre, etc.	From Picardy, from Normandy, from Flanders, etc.	from pic'ardi, from nor'-mandi, from flan'-deurz, etc.
Comment nommez-vous votre ville?	What is the name of your town?	houot iz thi ném ov your taoun?
Amiens, Paris, Rouen, etc.	Amiens, Paris, Rouen, etc.	émiens, par'iss, rouen, etc.
Y a-t-il longtemps que vous êtes en Angleterre?	Have you been long in England?	hav you bîn long in ing'gland?
Il y a dix ans.	Ten years.	ten yîrz.
Vous voilà presque naturalisé.	You are almost naturalized.	you ar olmôst natch'eur-alaizd.
Vous voilà presque Anglais.	You are almost an Englishman.	you ar olmôst an ing'-glicheman.
Comment trouvez-vous l'Angleterre?	How do you like England?	haou dou you laik ing'-gland?
Je l'aime assez.	I like it pretty well.	ai laik it pret'ti ouel.
Je vous entends. Vous aimez mieux la France, n'est-ce pas?	I understand you. You like France better, don't you?	aï eundeurstand' you. you laik frence bet'-teur, dônt you?
Cela est vrai, Monsieur; mais on ne peut s'empêcher d'avoir de la prédilection pour son pays.	It is true, Sir; but a man cannot help being partial to his own country.	it iz trou, seur; beut é man can'not help bî-ing par'chal tou hiz ôn keuntri.
Je ne vous blâme pas. Cela est naturel.	I do not blame you. It is natural.	ai dou not blém you. it iz natch'eural.
D'ailleurs, tout le mon-	Besides, every one al-	besaidz, ev'euri oueun

ue convient que la France est un plus beau pays que le nôtre.	lows that France is a finer country than ours.	allaouz that frence iz é faineur keun'tri than aourz.
Est-il vrai qu'il y fait plus chaud en été et plus froid en hiver qu'ici?	Is it true that it is warmer there in summer, and colder in winter than it is here?	iz it trou that it iz ouormeur ther in seum'meur and côldeur in ouin'teur than it iz hir?
Cela est très-certain. Nos étés sont plus longs et plus chauds, et nos hivers sont plus rigoureux qu'ici.	That is most certain. Our summers are both longer and hotter, and our winters are more severe than they are here.	that iz môst seurtin. aour seum'meurz ar bôth long'gueur and hot'teur and aour oum'teurz ar môr sivir than the ar hir.
Monsieur, vous savez où je demeure.	Sir, you know where I live.	seur, you nô houèr ai liv.
Je serai toujours charmé de vous voir, quand vous voudrez me faire l'honneur de me venir voir.	I shall always be glad to see you, when you will do me the honour to come and see me.	aï chal alouéz bi glad tou si you, houen you ouil dou mi thi on'eur tou keum and si mi.
Vous êtes bien honnête, Monsieur; mais je crains de vous incommoder.	You are very kind, Sir; but I am afraid of being troublesome.	you ar ver'i caind, seur; beut aï am afréd ov biing treub'b'lseum.
Ne craignez pas cela. J'aime les Français, et c'est toujours un plaisir pour moi que de les recevoir chez moi.	Do not be afraid of that. I like French people, and it is always a pleasure for me to see them in my house.	dou not bi aftéd ov that. aï laik frentch pip'l, and it iz alouéz é plej'eur for mi tou si them in maï haouce.
J'aurai cet honneur de temps en temps.	I shall do myself that honour now and then.	aï chal dou maiself that on'eur naou and then.

DIALOGUE V.

DIALOGUE V.

DAIEULOG V.

AVEC UN LIBRAIRE.

WITH A BOOKSELLER.

OUITH L BOUC'SELI EUR

Vous avez reçu depuis peu un assortiment de	You have received lately an assortment of	you hav risivd létli an assòrtment ov frentch

livres français. Je désirerais bien les voir.	French books. I should like to see them.	boucs. aï choud laïk tou si them.
Très-volontiers, Monsieur.	You are very welcome, Sir.	you ar ver'i ouel'keum, seur.
Ils n'ont été déballés que ce matin. Vous les verrez le premier.	They were not unpacked before this morning. You shall have the first sight of them.	thé ouer not eunpact' bifôr this mor'ning. you chal hav thi feurst saït ov them.
Sont-ce tous livres nouveaux?	Are they all new books?	ar thé âl niou boucs?
Non, Monsieur, il y en a de nouveaux et d'anciens.	Not all, Sir. Some are new, some are old publications.	not âl, seur. seum ar niou, seum ar ôld peublikécheunz.
J'espère que vous trouverez de quoi vous satisfaire.	I hope you will find some to suit your taste.	aï hôpe you ouil faind seum tou siout your tést
Faites voir à Monsieur les livres que nous avons reçus dernièrement.	Show the gentleman the books we received lately.	chô thi djen't'lman thi boucs oui risivd léth.
Eh bien! Monsieur, avez-vous trouvé quelque chose qui vous convienne?	Well, Sir, have you found any thing that suits you?	ouel, seur, hav you faound en'i thing that siouts you.
Oui. Voici la note des livres que je désire avoir.	Yes; here is a note of the books I wish to have	yes; hir iz é nôt ov thi boucs aï ouiche tou hav.

DIALOGUE VI.

MÊME SUJET.

DIALOGUE VI.

THE SAME.

DAÏEULOG VI.

THI SÉM.

Voulez-vous qu'ils soient en feuilles ou reliés?	Will you have them in sheets or bound?	ouil you hav them in chits or baound?
Envoyez-les moi brochés.	Send them to me stitched.	send them tou mi sticht.
Je les préfère cartonnés.	I prefer having them in oards.	aï prifeur' hav'ing them in bôrdz.

Je les veux reliés.	I want them bound.	aï ouont them baound.
Quelle sorte de reliure désirez-vous?	What sort of binding do you wish for?	houot sort ov baïnding dou you ouiche for?
Voulez-vous qu'ils soient en veau, ou en basane?	Will you have them in calf, or in sheep?	ouil you hav them in caf, or in chîp?
Je désire que celui-ci soit relié en maroquin et doré sur tranche.	I want this in morocco and gilt-edged.	aï ouont this in moroc'co and gılt-edjd.
De quelle couleur voulez-vous le maroquin?	What colour will you have the morocco?	houot keul'eur ouil you hav thi moroc'co?
Le prix est-il le même pour toutes les couleurs?	Is the price the same for all colours?	iz thi praïce thi sém for âl keul'eurz?
Le même, Monsieur. La couleur ne change rien au prix.	The same, Sir. The colour makes no alteration in the price.	thi sém, seur. thi keul'eur méks no altcurécheune in thi praïce.
En ce cas-là, je préfère le maroquin vert.	If that be the case, I prefer green morocco.	if that bi thi kéce, aï prifeur' grîn moroc'co.
Cette couleur est plus gaie, et moins sujette à se salir.	That colour is more lively, and not so apt to get dirty.	that keul'eur iz môr laïvli, and not so apt tou get deur'tı.
Comment désirez-vous les autres?	How do you wish to have the others?	haou dou you ouiche tou hav thi euth'eurz?
Je veux qu'ils soient en veau, avec un titre sur le dos.	I will have them bound in calf and lettered.	aï ouil hav them baound in caf and let'teurd.
Cela suffit, Monsieur. J'aurai soin de les faire relier exactement comme vous le désirez.	Very well, Sir. I will take care that they shall be bound exactly as you direct.	ver'i ouel, seur. aï ouil ték kèr that thé chal bi baound egzact'li az you direct'.

DIALOGUE VII.	DIALOGUE VII.	DAÏEULOG VII.
MÊME SUJET.	THE SAME.	THI SEM.
Avez-vous encore besoin de quelque chose?	Do you want any thing else?	dou you ouont en'i thing elce?
Je voudrais bien avoir un exemplaire du dictionnaire de Spiers.	I should wish to have a copy of Spiers's dictionary.	aï choud ouiche tou hav é cop'i ov spaïr'ziz dic'cheuneri.
Avez-vous le dictionnaire de Johnson?	Have you Johnson's dictionary.	hav you djon'seunz dic'cheuneri?
J'en ai un exemplaire très-bien conditionné, et qui n'est pas cher.	I have one copy by me which is in very good condition, and not dear.	aï hav oueun cop'i baï mi houitch iz in ver'i goud condich'eune, and not dir.
Je préfère l'avoir neuf.	I prefer to have it new.	aï prifeur' tou hav it niou.
Cela est impossible; car l'édition est épuisée.	It is impossible; for the book is out of print.	it iz impos'sib'l; for thi bouc iz aout ov print.
Vous n'en trouverez pas un exemplaire chez les libraires, quand vous en donneriez vingt guinées.	You cannot find a single copy at any bookseller's, even if you were to give twenty guineas for it.	you can'not faïnd é sing'g'l cop'i at en'i boucsei'leurz, iv'n if you ouèr tou giv touen'ti guin'iz for it.
Ne pense-t-on pas à le réimprimer? Car c'est un livre d'une grande utilité.	Don't they think of printing it again? For it is a very useful book.	dônt thé think ov prin'ting it agen'? for it iz é ver'i iousfoul bouc.
Il est maintenant sous presse.	It is now in the press.	it iz naou in thi press.
Mais on ne sait quand il paraîtra.	But nobody knows when it will appear.	beut nôbodi nôz houen it ouil appîr.

DIALOGUE VIII.
MÊME SUJET.

En ce cas, j'aime mieux m'assurer de l'exemplaire que vous avez.

Combien en demandez-vous?

Je comptais le vendre deux guinées et demie.

Mais comme vous prenez plusieurs autres livres, je vous le passerai à deux guinées.

Deux guinees! C'est plus qu'il n'a coûté neuf.

Cela est vrai. Mais il devient si rare, que le prix augmente de jour en jour.

Cet exemplaire est certainement à très-bon marché.

Vous ne pouvez pas prendre moins?

Vous ne pouvez pas me le donner à moins?

Non, en conscience, Monsieur, je n'y gagne presque rien.

Mettez-le de côté, et envoyez-le moi avec les autres livres.

DIALOGUE VIII.
THE SAME.

If this be the case, I had better make sure of your copy.

What do you ask for it?

I did expect two guineas and a half for it.

But as you have bought several other books, I will let you have it for two guineas.

Two guineas! It is more than it cost new.

It is true. But it grows so scarce, that the price rises every day.

This copy is certainly a very great bargain.

You cannot take less?

You cannot let me have it for less?

No, upon my word, Sir, I hardly get any thing by it.

Put it by, and send it down with the other books.

DAÏEULOG VII..
THI SÉM.

if this bi thi kéce, aï had bet'teur mek chour ov your cop'i.

houot dou you ask for it?

aï did ecspect' tou gin'niz and é haf for it.

beut az you hav baout sev'eural euth'eur boucs, aï ouil let you hav it for tou gin'niz.

tou gin'niz! it iz môr than it cost niou.

it iz trou. beut it grôz so skérce, that thi praice raíziz eveuri dé.

this cop'i iz seur'tinli é ver'i grét bar'gin.

you can'not ték less?

you can'not let mi hav it for less?

no, eupon maï oueurd, seur, aï hardli get an'i *thing* baï it.

pout it baï, and send it daoun ouith thi euth'eur boucs.

DIALOGUE IX.	DIALOGUE IX.	DAÏEULOG IX.
DANS UN MAGASIN.	IN A SHOP.	IN É CHOP.
Avez-vous de beau drap?	Have you any fine cloth?	hav you en'i faïn cloth?
Quelle sorte de drap désirez-vous?	What sort of cloth do you wish to have?	houot sort of cloth dou you ouiche tou hav?
De quel prix?	What price?	houot praice?
Quel prix voudriez-vous y mettre?	What price would you wish to go to?	houot praice ououd you ouiche tou gô tou?
Nous en avons à tous prix.	We have some of all prices.	oui hav seum ov âl praiciz.
Nous en avons à différents prix.	We have some of different prices.	oui hav seum of diffeurent praiciz.
Montrez-moi ce que vous avez de meilleur.	Show me the best you have.	chô mi thi best you hav.
Faites-moi voir ce que vous avez de plus fin.	Let me see the finest you have.	let mi si thi fainest you hav.
Est-ce là le plus fin que vous ayez?	Is this the finest you have?	iz this thi fainest you hav?
Voici de bon drap pour porter l'été.	Here is some good cloth for summer wear.	hir iz seum goud cloth for seum'meur ouèr.
Si c'est pour un pantalon, je vous recommande ce drap-ci.	If it is for trowsers I recommend you this cloth.	if it iz for traou'zerz aï rec'omend you this cloth.
Ce drap est excellent pour un pantalon d'hiver.	This cloth is excellent for winter trowsers.	this cloth iz ex'cellent for ouin'teur traouzeurz.
Je vous conseille de prendre ce drap-là.	I advise you to take that cloth.	aï advaïz you tou tèk that cloth.
Je vous le garantis fort.	I warrant it strong.	aï ouor'rant it strong.
Il m'en reste juste assez pour faire un habit.	I have just enough left to make a coat.	aï hav djeust ineuf' left tou mek é côte.

Ceci vous fera un manteau superbe.	This will make you a splendid cloak.	this ouil mek you é splen'did clók.
Combien le vendez-vous le mètre ?	How much do you sell it a yard?	haou meutch dou you sel it é yard?
Je le vends vingt schellings le mètre.	I sell it for twenty shillings a yard.	aï sel it for touenti chil'-lingz é yard.
Je le trouve bien cher.	I find it very dear.	aï faind it ver'i dir.
Quel est votre dernier prix, car je n'aime pas à marchander?	What is the lowest price, for I do not like to bargain?	houot iz thi lóest praice, for aï dónt laik tou bar'gin?
Monsieur, je ne surfais jamais.	Sir, I never ask more than I take.	seur, aï nev'eur ask mòr than aï ték.
Je n'ai qu'un prix.	I have but one price.	aï hav beut oueun praice.
Pouvez-vous me le donner pour...?	Can you let me have it for...?	can you let mi hav it for...?
Je vous en donnerai...	I will give you... for it.	aï ouil giv you... for it.
En vérité, je ne puis le vendre à moins.	Indeed, I cannot sell it under.	indíd, aï can'not sel it eun'deur.
Je ne puis pas le donner à moins.	I cannot sell it for less.	aï can'not sel it for less.
Je ne peux pas prendre moins.	I cannot take less.	aï can'not tek less.
Vous savez que je suis bonne pratique.	You know I am a good customer.	you nó aï am é goud keus'tomeur.
Cela est vrai; mais il n'est pas juste que je vende à perte.	It is true; but it is not right I should sell at a loss.	it iz trou; beut it iz not raït aï chould sel at é loss.
Eh! bien, partageons le différent.	Well, let us split the difference.	ouel, let eus split thi dif'feurence.
En vérité, vous l'avez au prix coûtant.	Indeed, you have it at prime cost.	indíd, you hav it at praïm cost.

DIALOGUE X.	DIALOGUE X.	DAÏEULOG X.
MÊME SUJET.	THE SAME.	THI SÉM.
Désirez-vous encore quelque chose?	Do you wish to have any thing else?	dou you ouiche tou hav en'*t thing* elce?
Montrez-moi vos échantillons.	Let me see your patterns.	let mi si your pat'teurnz.
J'ai besoin d'une étoffe pour faire un gilet.	I want some stuff for a waistcoat.	aï ouont seum steuff for é ouéscot.
En voici de toutes les couleurs.	Here are some of all colours.	hir ar seum ov âl keul'eurz.
Aimez-vous le blanc?	Do you like white?	dou you laïk ouaït?
J'ai du beau piqué.	I have some fine quilting.	aï hav seum faïn couilt'ing.
Ce casimir est bon.	This kerseymere is good.	this keur'zimir iz goud.
Je puis vous recommander cette étoffe-là.	I can recommend you that stuff.	aï can rec'omend you that steuff.
Ceci est trop voyant.	This is too gaudy.	this iz tou gâdi.
Cette couleur-ci est trop sombre.	This colour is too dull.	this keul'eur iz tou deul.
Celle-là est trop claire.	That is too light.	that iz tou laït.
Je veux quelque chose qui ne soit point salissant.	I want something that does not get dirty.	aï ouont seum'*thing* that deuz not get deur'ti.
Je veux quelque chose qui se lave.	I want something that washes.	aï ouont seum'*thing* that ouochiz.
Cette couleur-ci est-elle bon teint?	Is this colour a good dye?	iz this keul'eur é goud daï?
J'aime assez ce dessin; mais je crains que la couleur ne tienne point.	I like this pattern well enough; but I fear the colour won't stand.	aï laïk this pat'teurn ouel ineuf'; beut aï fir thi keul'eur ouónt stand.
J'ai peur que cette étoffe ne soit pas d'un bon user.	I am afraid this stuff won't wear well.	aï am afréd· this steuff ouónt ouèr ouel.

Au contraire, elle est excellente.	On the contrary, it is excellent.	on thi con'trerı it iz ex'cellent.
Vous n'en verrez jamais la fin.	You will never see the end of it.	you ouıl nev'eur sı thı end of it.
Vous pouvez la prendre sur ma parole.	You may take it on my word.	you mé ték it on maï oueurd.

DIALOGUE XI. — DIALOGUE XI. — DAÏEULOG XI.

MÊME SUJET. — THE SAME. — THI SÉM.

Maintenant dites-moi combien je vous dois.	Now let me know what I owe you.	naou let mı si houot aı ô you.
A combien cela se monte-t-il?	How much does it amount to?	haou meutch deuz it amaount tou?
A combien cela revient-il?	How much does it come to?	haou meutch deuz it keum tou?
Voici votre note.	Here is your account.	hîr ız your acaount.
Le tout se monte à soixante-douze francs.	It comes in all to seventy-two francs.	it keumz in âl tou sev'-v'ntı tou frangks.
Cela fait en tout soixante-douze francs, cinquante centimes.	It all amounts to seventy-two francs fifty centimes.	it âl amaounts tou sev'-v'ntı-tou frangks fif'tı cen'tînz.
Ne vous trompez-vous pas?	Are you not mistaken?	ar you not misték'n?
Le compte est juste.	The account is right.	thi acaount ız raıt you
Vous pouvez compter vous-même.	You may reckon yourself.	mé reck'n yoursell'.
Vous pouvez faire le compte vous-même.	You may cast it up yourself.	you mé cast it eup yoursell'.
Voici quatre louis, qui font quatre-vingts francs. Vous avez à me rendre sept francs cinquante centimes.	Here are four louis, which make eighty francs. You are to give me seven francs fifty centimes.	hîr ar fôr louız, houitch mék ctı frangks. you ar tou gıv mı sev'n frangks fif'ti cen'tîmz.
Les voici, Monsieur.	Here they are, Sir.	hîr thé ar, seur.

Envoyez-moi cela sur-le-champ.	Send me that immediately.	send mi that immîdietli.
Vous allez l'avoir dans un quart d'heure.	You shall have it within a quarter of an hour.	you chal hav it ouithin é couor'teur ov an aour.
Vous l'aurez dans dix minutes.	You shall have it in ten minutes.	you chal hav it in ten min'its.
En moins d'un quart d'heure.	In less than a quarter of an hour.	in less than é couor'teur ov an aour.

DIALOGUE XII.

LE LOGEMENT.

DIALOGUE XII.

LODGING.

DAÏEULOG XII.

LODJ'ING.

Avez-vous des chambres à louer?	Have you any apartments to let?	hav you en'i apart'ments tou let?
Oui, Monsieur, j'en ai plusieurs. Quelles chambres désirez-vous?	Yes, Sir, I have several. What rooms do you wish to have?	yes, seur, ai hav sev'eur-al. houot roumz dou you ouiche tou hav.
Voulez-vous un appartement meublé, ou non meublé?	Do you want an apartment furnished, or unfurnished.	dou you ouont an apart'ment feur'nicht or eunfeur'nicht?
J'ai besoin de chambres meublées.	I want furnished rooms.	ai ouont feur'nicht roumz.
Il me faudrait deux chambres à coucher, avec un salon et une cuisine.	I should like to have two bed-rooms, with a parlour and a kitchen.	ai choud laik tou hav tou bed'roumz ouith é par'leur and é kitch'in.
Je puis vous arranger. Donnez-vous la peine d'entrer.	I can accommodate you. Please to walk in.	ai can acom'modet you. pliz tou ouàk in.
Je vais vous faire voir les chambres. Voici le salon.	I will show you the rooms. Here is the sitting room.	ai ouil chô you thi roumz hîr iz thi sit'ting roum.
Il n'est pas très-grand, mais il peut faire mon affaire.	It is not very large, but it will do for me.	it iz not ver'i lardj, beut it ouil dou for mi.
Vous voyez qu'il y a	You see that there is	you si that ther iz ev'euri

tout ce qu'il faut, et que les meubles en sont très-propres.	every thing necessary, and that the furniture is very neat.	thing nes'eseri, and that thi feur'nitcheur iz ver'i nît.
Tous les meubles sont en acajou.	All the furniture is mahogany.	âl thi feur'nitcheur iz mahog'ani.
Voici deux fauteuils, six chaises, un tapis neuf, une belle glace, et des rideaux très-propres.	Here are two armchairs, six chairs, a new carpet, a fine looking glass, and very neat curtains.	hîr ar tou arm-tchaîrz, sics 'tchairz, é niou car'pet, e fain louk'-ing glass, and ver'i nît keur'tinz.
De plus, il y a des armoires aux deux côtés de la cheminée.	Besides that, there are cupboards on both sides of the chimney-piece.	bisaïdz that, ther ar keub'heurdz on bôth saidz ov thi tchim'ni-pîce.
Oui. Il y a tout ce qui est nécessaire.	Yes. Here is all that is necessary.	yes. hîr iz âl that iz nes'eseri.

DIALOGUE XIII.   DIALOGUE XIII.   DAÏCULOG XIIJ.

MÊME SUJET.   THE SAME.   THI SÉM.

Faites-moi voir les chambres à coucher.	Let me see the bed-rooms.	let mi sî thi bed-roumz.
Par ici, Monsieur, s'il vous plaît.	This way, Sir, if you please.	this oué, seur, if you plîz.
Voyons si le lit est bon, car c'est là le principal.	Let us see whether the bed is good, for that is the main point.	let eus si houeth'eur thi bed iz goud, for that iz thi men point.
Quand j'ai un bon lit, je ne me soucie guère du reste.	When I have a good bed, I little care for any thing else.	houen aï hav é goud bed, aï lit't'l kér for en'i thing elce.
Vous ne pouvez en désirer un meilleur.	You cannot wish for a better one.	you can'not ouiche for é bet'teur oueun.
La chambre donne-t-elle sur la rue ?	Does the room look into the street?	deuz thi roum louk intou thi strît?
Non, Monsieur; elle a vue sur le jardin.	No, Sir; it looks into the garden.	no, seur; it louks in'tou thi gar'd'n.
Tant mieux. Je n'aime point à me coucher	So much the better. I don't like to sleep in	so meutch thi bet'teur. aï dônt laïk tou slîp in

sur le devant, à cause du bruit des voitures.	a front room, on account of the noise of the carriages.	é front roum, on acaount ov thi noïz ov thi car'ridjiz.
Désirez-vous voir l'autre pièce?	Do you wish to see the other room?	dou you ouiche tou si thi euth'eur roum?
Je pense que le lit en est bon. Maintenant, il ne s'agit plus que du prix.	I fancy the bed is good. Now, the only question is about the price.	aï fan'ci thi bed iz goud. naou thi ônli coues'-tcheun iz abaout thi praïce.

DIALOGUE XIV.   DIALOGUE XIV.   DAÏEULOG XIV.

MÊME SUJET.   THE SAME.   THI SÉM.

Que demandez-vous des trois chambres avec la cuisine?	What do you ask for the three rooms and the kitchen?	houot dou you ask for thi *thrî* roumz and thi kitch'in ?
J'ai toujours loué la salle avec une des chambres quatorze schelins.	I have always let the parlour with one of the rooms for fourteen shillings.	aï hav *â*louéz let thi par'-leur ouith oueun ov thi roumz for fôr'tin chil'lingz.
Vous paierez une guinée par semaine pour le tout.	You shall give me one guinea a week for the whole.	you chal *giv* mi oueun gin'ni é ouik for thi hôl.
Ce n'est que sept schelins pour l'autre chambre et la cuisine.	It is only seven shillings for the other room and the kitchen.	it iz ônli sev'n chil'lingz for the euth'eur roum and thi kitch'in.
Je crois que c'est beaucoup d'argent.	I think it a great deal of money.	aï *thingk* it e gret dîl ov meun'i.
Considérez que c'est ici un des plus beaux quartiers de la ville, où les maisons sont d'un prix exorbitant.	Consider that this is one of the best quarters of the town, where the houses are let very high.	consid'eur that this iz oueun ov thi best couor'teurz ov thi taoun, houèr thi haou-ziz ar let ver'i haï.
Hé bien, je vous donnerai une guinée.	Well, I will give you one guinea.	ouel, aï ouil *giv* you oueun gin'ni.
Mais il me faut une partie de la cave, et un	But I must have a part of the cellar, and a	beut aï meust hav é part ov thi cel'leur, and é

endroit pour mettre du bois et du charbon.	place to put coals and wood in.	pléce tou pout côlz and ououd in.
Cela va sans dire. Vous aurez une place fermant à clef.	That is understood. You shall have a place with a lock and key to it.	that iz eundeurstoud', you chal hav é pléce ouith é lock and ki to it.
Quand comptez-vous prendre possession de votre logement?	When do you mean to take possession of your lodging?	houen dou you mîn tou ték pozech'eun ov your lodj'ing?
Je compte venir coucher ici ce soir.	I intend to come and sleep here to-night.	aï intend' tou slîp hîr tou-naït.
Faites en sorte que tout soit prêt de bonne heure.	See that every thing be ready betimes.	sî that ev'euri thing bi red'i bitaïmz.
Cela suffit, Monsieur. Vous pouvez venir aussitôt qu'il vous plaira.	Very well, Sir. You may come as soon as you please.	ver'i ouel, seur. you mé keum az soun az you plîz.

DIALOGUE XV.
DIALOGUE XV.
DAÏEULOG XV.

AVEC UN TAPISSIER.

WITH AN UPHOLSTERER.

OUITH AN EUPHOLSTEUREUR.

Je voudrais bien voir quelques meubles.	I should wish to look at some furniture.	aï choud ouiche tou louk at seum feur'nitcheur.
Donnez-vous la peine d'entrer, Monsieur. Je crois pouvoir vous arranger.	Please to walk in, Sir. I think I can suit you.	plîz tou ouâk in, seur. aï thingk aï can siout you.
Quels meubles désirez-vous voir?	What sort of furniture do you wish to see?	houot sort ov feur'nitcheur dou you ouiche tou sî?
J'ai besoin d'une bibliothèque, si je puis en trouver une propre.	I want a book-case, if I can find a neat one.	aï ouont é bouc-kéce, if aï can faïnd é nît oueun.
En voici une très-belle.	Here is a very fine one.	hîr iz é ver'i faïn oueun.
Je l'ai achetée hier à une vente.	I bought it yesterday at a sale.	aï bât it yes'teurdé at é séle.

Elle est d'un bois superbe.	It is of a very beautiful wood.	it iz ov é ver'i biou'tifoul ououd.
Je l'aimerais assez. — Elle me conviendrait assez.	I should like it well enough. — I would suit me pretty well.	ai choud laik it ouel in-euf'. — it ououd siout mi pret'ti ouel.
Combien en demandez-vous ?	How much do you ask for it?	haou meutch dou you ask for it ?
Combien comptez-vous la vendre ?	What do you think to sell it for ?	houot do you *th*ingk tou sel it for ?
Le prix est de douze guinées.	The price is twelve guineas.	thi praïce iz touelve gin'niz.
Vous ne pouvez pas la donner à moins ?	You cannot take less ?	you can'not ték less ?
Je ne le peux pas, Monsieur. Le plus bas prix est marqué sur chaque article dans ma boutique.	I cannot, Sir. The lowest price is marked down upon every article in my shop.	ai can'not, seur. thi lòest praïce iz markt daoun for ev'euri ar'tic'l in maï chop.
C'est la meilleure manière.	It is the best way.	it iz thi best oué.

DIALOGUE XVI.

MÊME SUJET.

DIALOGUE XVI.

THE SAME.

DAÏEULOG XVI.

THI SÉM.

Maintenant, je désirerais voir une commode.	Now I should wish to look at a chest of drawers.	naou ai choud ouiche tou louk at é tchest ov drâeurz.
Une double, ou une simple ?	A double one, or a single one ?	é deub'b'l oueun, or é sing'g'l oueun ?
En voici plusieurs, avec le prix marqué sur chacune.	Here are several, with the price marked upon each.	hir ar sev'eurat, ouith thi praïce markt upon itch.
Je crois que je m'en tiendrai à celle-ci.	I think I shall fix upon this.	ai *th*ingk aï chal fix upon this.
Maintenant, que je voie vos tapis.	Now let me see your carpets.	naou let mi si your car'pets.
Quelle grandeur désirez-vous ?	What size do you want ?	houot saïz dou you ouont ?

Six mètres sur cinq.	Six yards by five.	sics yardz baï faïv.
En voici de toutes les sortes.	Here are some of all sorts.	hîr ar seum ov âl sorts.
Voyons les prix.	Let us look at the prices.	let eus louk at thi praïciz.
Ceux-ci montent à beaucoup d'argent.	These come to a great deal of money.	thîz keum tou é grét dîl ov meun'ï.
Ceux-ci montent bien haut.	These come very high.	thîz keum ver'ï haï.
En voici à meilleur marché. Mais il ne sont, naturellement, ni si beaux ni si bons.	Here are some cheaper. But they are, of course, neither so handsome nor so good.	hîr ar seum tchîpeur. beut thé ar, ov côrs, nîtheur so han'seum nor so goud.
J'aimerais assez celui-ci. Mais il revient si cher.	I should like this well enough. But it comes to so much money.	ai choud laïk this ouel ineuf'. beut it keumz tou so meutch meun'ï.
Non, Monsieur. Vous le trouverez bon marché, si vous en considérez la grandeur.	No, Sir. You will think it very cheap, if you consider how large it is.	no, seur. You ouil *th*ingk it ver'ï tchîp, if you consid'eur haou lardj it iz.
Les tapis sont un article bien coûteux.	Carpets are very expensive.	car'pets ar ver'ï expen'siv.
Voudriez-vous en voir d'occasion ?	Should you like to look at some second-hand ones?	choud you laïk tou louk at seum sek'eund-hand ouenz?
Non. Je prends celui-ci.	No. I take this.	no. aï ték this.

DIALOGUE XVII.

MÊME SUJET.

	DIALOGUE XVII.	DAÏEULOG XVII.
	THE SAME.	THI SEM.
N'avez-vous pas besoin d'autre chose?	Don't you want something else?	dônt you ouont seum'*th*ing elce?
Avez-vous besoin d'autre chose?	Do you want any thing else?	dou you ouont en'ï *th*ing elce?
De quel prix sont ces chaises?	Of what price are these chairs?	of houot praïce ar thiz tchaïrz?

Quel peut être le prix de ces chaises?	What may be the price of these chairs?	houot mé bi thi praice ov thîz tchairz?
Le prix est de deux guinées par chaise.	They are two guineas.	thé ar tou gin'niz.
Elles devraient être bonnes pour ce prix.	They ought to be good for that price.	thé ât tou bi goud for that praice.
Ces chaises-ci sont magnifiques.	These are very beautiful chairs.	thiz ar ver'i biou'tifoul tchairz.
Ces chaises sont de la première qualité, et à la dernière mode.	These chairs are of the first quality, and in the newest fashion.	thiz tchairz ar ov thi feurst couol'iti, and in thi mouest fach'eun.
Considérez qu'elles sont faites du plus beau bois, et parfaitement bien finies.	Consider that they are made of the finest wood, and highly finished.	consid'eur that thé ar méd ov thi fainest ououd, and haïli fin'icht.
Elles ont été faites par le meilleur ouvrier de Londres.	They were made by the best workman in London.	thé ouer méd baï thi best oueurk'man in leun'deun.
J'aime assez les chaises, mais je n'en aime pas le prix.	I like the chairs very well, but I do not like the price.	aï laik thi tchairz ver'i ouel, beut aï dônt laik thi praice.
Je remettrai cette emplette à une autre fois.	I shall put off this purchase till another time.	aï chal pout of thi peur'tchess til aneuth'eur taim.
Eh bien! vous m'enverrez cela le plus tôt possible.	Well, you will send those things as soon as possible.	ouel, you ouil send thôz thingz az soun az pos'sib'l.
Vous l'aurez dans le courant de la journée.	You shall have them in the course of the day.	you chal hav them in thi côrse ov thi dé.
Ne me trompez pas.	Do not disappoint me.	dou not disapoint mi.
Vous pouvez y compter.	You may depend upon it.	you mé dipend' eupon it.

DIALOGUE XVIII.

DIALOGUE XVIII.

DAÏEULOG XVIII.

POUR ACHETER DIFFÉRENTS OBJETS.

TO BUY SEVERAL ARTICLES.

TOU BAÏ SEV'EURAL ARTIC'LZ.

Voulez-vous venir à la ville avec moi?	Will you come to town with me?	ouil you keum tou taoun ouith mi?

De tout mon cœur.	With all my heart.	ouith âl mai hart.
Qu'avez-vous à faire dans la ville?	What have you to do in town?	houot hav you tou dou in taoun?
Il faut que j'aille chez le marchand de nouveautés.	I want to go to the linen-draper's shop.	aï ouont tou gô tou thi lin'en-drépeurz chop.
J'ai quelques emplettes à faire.	I have a few things to buy.	aï hav é fiou *thingz* tou baï.
Qu'est-ce que vous avez à acheter?	What do you want to buy.	houot dou you ouont tou baï?
Je veux acheter de la dentelle.	I want to buy some lace.	aï ouont tou baï seum léce.
J'ai besoin de calicot.	I want some calico.	aï ouont seum cal'ico.
Il me faut de la toile pour faire des draps.	I must get some sheeting.	aï meust get seum chiting.
N'avez-vous pas vous-même besoin d'acheter quelque chose?	Don't you want to buy something yourself?	dônt you ouont tou baï seum'*thing* yourself?
Rien de particulier.	Not any thing in particular.	not en'i *thing* in partik'-iouleur.
A moins que je ne voie quelque chose qui me frappe.	Unless I should see something that strikes my fancy.	eunless aï choud si seum'-*thing* that straïks maï fan'ci.
Peut-être verrons-nous de nouveaux dessins d'indiennes.	Perhaps we may see some new prints.	praps oui mé si seum niou prints.
Vous me faites penser que j'ai besoin de basin.	You put me in mind that I want some dimitty.	you pout mi in maïnd that aï ouont seum dim'iti.
Ne me laissez pas oublier d'acheter des mouchoirs.	Don't let me forget to buy some handkerchiefs.	dônt let mi forget tou baï seum han'keur-chifs.
Je vous y ferai penser.	I will remind you of it.	aï ouil rimaïnd you ov it.
Partons sur-le-champ,	Let us go directly, for	let eus gô direct'li, for

car il faut que nous soyons revenues pour le thé.	we must be back for tea.	oui meust bi bac for ti.
Nous avons une grande heure à nous.	We have full an hour before us.	oui hav é foul aour bifôr eus.
Nous serons revenues avant ce temps-là.	We shall be back before that time.	oui chal bi bac bifôr that taïm.

DIALOGUE XIX.

AVEC UN TAILLEUR.

Je vous ai envoyé chercher pour me prendre la mesure d'un habit.

Voulez-vous bien me prendre la mesure pour un habit?

Comment voulez-vous qu'il soit fait?

Faites-le-moi comme on les porte actuellement.

Vous voulez aussi le gilet et le pantalon?

Oui. J'ai acheté du drap pour me faire un habillement complet.

Cela suffit, Monsieur. Comment voulez-vous que votre gilet soit fait?

Faites-le à la mode actuelle.

Seulement, qu'il ne descende pas tout à fait si bas.

DIALOGUE XIX.

WITH A TAILOR.

I have sent for you to measure me for a coat.

Will you take my measure for a coat?

How will you have it made?

Make it as they wear them now.

You want also the waistcoat and trowsers.

Yes. I bought the cloth to have a complete suit of clothes.

Very well, Sir. How do you wish to have your waistcoat made?

Make it after the present fashion.

Only let it not come down quite so low.

DAÏLULOG XIX.

OUITH E TAÏLEUR.

aï hav sent for you tou mej'eur mi for é côte.

ouil you ték maï mej'eur for é côte?

haou ouil you hav it méd?

mék it az thé ouèr them naou.

you ouont also thi oues'cot and traouzeurz.

yes. aï bât thi cloth tou hav é keumplit siout ov clôthz.

ver'i ouel, seur. haou dou you ouiche tou hav your oués'cot méd?

mék it af'teur thi prez'ent fach'eun.

ônli let it not keum daoun couaït so lô.

Quelle sorte de boutons voulez-vous?	What sort of buttons will you have?	houot sort ov beut'l'nz ouil you hav?
Je veux des boutons de la même étoffe.	I will have them covered with the same stuff.	aï ouil hav them keuv'-eurd ouilh thi sem ver'i ouel. [steuff.
Fort bien.	Very well.	ver'i ouel.
Faites-moi un pantalon à sous-pieds.	Make me a pair of trowsers with straps.	mek mi e pair ov traou-zeurz ouilh straps.
Ne mettez pas de sous-pieds à mon pantalon.	Don't put straps to my trowsers.	dônt pout straps tou maï traou'zeurz.
Faites-le bien large. Je n'aime pas à être gêné.	Make them full wide. I like to be at my ease.	mék them foul ouaïd. aï laïk tou bi at maï iz.
Ne craignez rien.	Never fear.	nev'eur fir.
Voulez-vous que votre pantalon monte bien haut?	Will you have your trowsers come very high?	ouil you hav your tra-ouzeurz keum ver'i haï?
Ni trop haut ni trop bas.	Not too high nor too low.	not tou haï nor tou lô.
Faites-le venir jusqu'ici.	Let them come up so high.	let them keum eup so haï.
Je ne veux point qu'il descende tout à fait si bas qu'on les porte aujourd'hui.	I won't have them come down quite so low as they wear them now.	aï ouônt hav them keum daoun couaït so lô az the ouèr them naou.
C'est la mode de les porter très-bas.	It is the fashion to wear them very low.	it iz thi fach'eun tou ouèr them ver'i lô.
Oui, mais c'est une mode ridicule.	Yes, but it is a ridiculous fashion.	yes, beut it iz éridik'iou-leus fach'eun.
Il sera fait selon votre goût.	They shall be made exactly as you like.	the chal bi med egzact'li az you laïk.
Souvenez-vous qu'il me faut ceci pour diman-che, sans faute.	Remember that I must have this against next Sunday, without fail.	rimem'beur that aï meust hav this agenst next seun'dé, ouithaout fél.
Vous l'aurez dimanche matin.	You shall have it on Sunday morning.	you chal hav it on seun'-dé morn'ing.
Prenez garde, car si vous me manquez de parole, c'est le der-nier ouvrage que vous ferez pour moi.	Mind, for if you disap-point me, this will be the last work you ever do for me.	maind, for if you disap-oint mi, this ouil bi thi last oueurk you eveur dou for mi.

DIALOGUE XX.	DIALOGUE XX.	DAÍLULOG XX.
MÊME SUJET.	THE SAME.	THI SEM.

M'apportez-vous mon habit?	Have you brought my coat?	nav you brât maï côte?
Oui, Monsieur. Le voici.	Yes, Sir. Here it is.	yes, seur. hîr it iz.
Vous êtes un homme de parole. Mais, franchement, je commençais à m'impatienter.	You are a man of your word. But, I began to grow impatient.	you ar e man ov your oucurd. beut aï bigan tou gró impécheunt.
Il n'est que dix heures, et je vous l'avais promis dans le courant de la matinée.	It is but ten o'clock, and I had promised it you some time in the morning.	it iz beut ten o'cloc, and aï had prom'ïst it you seum taïm in thi mor'ning.
Aussi, je ne me plains pas.	Nor do I complain.	nor dou ai complén.
Que je l'essaie.	Let me try it on.	let mi traï it on.
Essayez-le-moi.	Try it on me.	traï it on mi.
Voyons s'il me va bien.	Let's see whether it fits me.	lets si oueth'eur it fits mi.
Voyons comment il me va.	Let's see how it fits.	lets si haou it fits.
Vous avez fait les manches trop longues et trop larges.	You have made the sleeves too long and too wide.	you hav méd thi slivz tou long and tou ouaïd.
Monsieur, on les porte maintenant très-grandes.	Sir, they wear them very large now.	seur, thé ouèr them ver'i lardj naou.
Il m'est trop juste.	It is too narrow.	it iz tou nar'ro.
Il me serre sous les aisselles.	It pinches me under the arms.	it pintchiz mi eun'deur thi arm.
Il me coupe les bras.	It cuts my arms.	it keuts maï armz.
N'est-il pas un peu long?	Is it not rather long?	iz it not rath'eur tou long?
Il me semble un peu trop long.	It seems to me a little too long.	it sïmz tou mi é lit't'l tou long.

Il est trop long de taille.	It is too long-waisted.	it iz tou long-ouésted.
Il est trop court de taille.	It is too short-waisted.	it iz tou chort-ouésted.
Il fait des plis entre les épaules.	It sits in wrinkles between the shoulders.	it sits in ring'k'lz bitouîn thi chóldeurz.
Vous ne pouvez pas vous plaindre de cet habit.	You cannot complain of this coat.	you can'not complén ov this côte.
Il vous va à ravir. — Il vous va parfaitement bien.	It fits you extremely well.	it fits you extrîmli ouel.
Vous n'avez jamais été mieux habillé.	You never were better dressed in your life.	you nev'eur ouer bet'teur drest in your laïf.
Vous autres tailleurs, vous ne trouvez jamais rien à redire à votre ouvrage.	You tailors never find fault with your own work.	you té'leurz nev'eur faïnd fâlt ouith your ôn oueurk.

DIALOGUE XXI.	DIALOGUE XXI.	DAÏEULOG XXI.
AVEC UN CORDONNIER.	WITH A SHOEMAKER.	OUITH É CHOUMÉKEUR
Monsieur, j'ai besoin d'une paire de souliers.	Sir, I want a pair of shoes.	seur, aï ouont é pair ov chouz.
Veuillez me prendre la mesure pour une paire de souliers.	Have the goodness to take my measure for a pair of shoes.	hav thi goud'nes tou ték maï mej'eur for é pair ov chouz.
J'ai déjà votre mesure.	I have your measure already.	aï hav your méj'eur olred'i.
Ayez bien soin de les faire assez larges.	Take good care to make them wide enough.	tek goud kèr tou mék them ouaïd inouf.
Ne les faites pas trop étroits.	Don't make them too narrow.	dônt mék them tou nar'ro.
Soyez tranquille, Monsieur.	Never fear, Sir.	nev'eur fîr, seur.
Vous avez ce défaut-là; vous les faites généralement trop étroits.	That's your defect; you generally make them too narrow.	thats your difect'; you gen'euralli mék them tou nar'ro.

— 156 —

J'aurai soin de faire ceux-ci comme vous le désirez.	I shall take care to make these according to your wish.	aï chal ték kèr tou mék thîz accord'ing tou your ouïche.
Quand pourrez-vous me les donner?	When can you let me have them?	houen can you let mi hav them?
Je vous les enverrai vers la fin de la semaine.	I will send them to you towards the end of the week.	aï ouïl send them tou you tòrdz thi end ov thi ouïk.
Vous les aurez au commencement de la semaine prochaine.	You shall have them in the beginning of next week.	you chal hav them in thi bigin'ning ov next ouïk.
Ne me manquez pas.	Don't disappoint me.	dônt disapoïnt mi.
Vous pouvez compter sur ma promesse.	You may rely upon my promise.	you mé rilaï eupon maï prom'is.
Avez-vous besoin d'autre chose?	Are you in want of any thing else?	ar you in ouont ov en'i thing elce.
Maintenant que j'y pense, il me faut une paire de bottes fines.	Now I think of it, I want a pair of dress boots.	naou aï *thingk* ov it, aï ouont é pair ov dress bouts.
Faites-moi en même temps des souliers de bal.	Make me at the same time some dancing shoes.	mék mi at thi sém taïm seum dans'ing chouz.
Je voudrais aussi une paire de pantoufles.	I should like to have a pair of slippers too.	aï choud laïk tou hav é pair ov slip'peurz tou.
De quoi désirez-vous qu'elles soient faites?	What do you wish them made of?	houot dou you ouiche them méd ov?
Je les voudrais en maroquin.	I want them in morocco leather.	aï ouont them in moroc'co leith'eur.
Faites-les le plus tôt possible.	Make hem as quickly as possible.	mék them az couik'li az pos'sib'l.

DIALOGUE XXII.	DIALOGUE XXII.	DAÏCULOG XXII.
MÊME SUJET.	THE SAME.	THI SÉM.
Monsieur, je vous apporte vos souliers.	Sir, I have brought your shoes.	seur, aï hav bråt your chouz.
Que je les voie. Voyons.	Let me see them. Let us see.	let mi si them. let eus si.

Permettez que je vous les essaie.	Give me leave to try them on you.	giv mi liv tou trai them on you.
Non, je vous remercie. Je veux les essayer moi-même.	No, I thank you. I will try them on myself.	no, ai *th*angk you. ai ouil trai them on maiself.
Je ne peux faire entrer mon pied dedans.	I cannot get my foot in.	ai can'not get mai fout in.
Voici un chausse-pied.	Here is a shoe-horn.	hîr iz é chou-horn.
Il me faut des souliers que je puisse mettre sans peine.	I must have shoes that I can put on without any trouble.	ai meust hav chouz that ai can pout on ouith-aout' treub'b'l.
Pourquoi les avez-vous faits si pointus? Ce n'est pas la mode.	Why have you made them so pointed. It isn't the fashion.	houai hav you méd them so pointed. it izn't thi fach'eun.
Pardonnez-moi, on les porte actuellement ainsi.	I beg your pardon, they are worn so at present.	ai beg your par'd'n, thé ar ouòrn so at prez'ent.
Soit; alors je ne veux pas me gêner pour suivre la mode.	Very well, then I won't put myself to any inconvenience for the sake of following the fashion.	ver'i ouel, then ai ouònt pout maiself' tou en'i inconvinience for thi sek ov fol'lôing thi fach'eun.
Décidément, ils me serrent trop.	Decidedly, they are too tight.	disai'dedli, thé ar tou tait.
Ils sont beaucoup trop étroits.	They are a great deal too narrow.	thé ar é grét dil tou nar'-ro.
Ils me blessent les orteils.	They hurt my toes.	thé heurt mai tôz.
Vous les avez faits trop pointus.	You have made them too pointed.	you hav méd them tou pointed.
Ils me font mal.	They hurt me.	thé heurt mi.
Ils s'élargiront de reste en les portant.	They will grow wide enough by wearing.	the ouil grô ouaid ineuf bai ouèring.
Ce cuir-ci prête comme un gant.	This leather stretches like a glove.	this leth'eur stretchiz laik é gleuv.
Oui. Mais en attendant qu'ils s'élargissent, je ne veux point être estropié.	Yes. But I don't choose to be crippled until they grow wider.	yes. beut ai dônt tchouz tou bi cripp'ld euntil' thé grô ouaideur.

Je ne saurais marcher avec.	I cannot walk in them.	ai can'not ouâk in them.
Vous ne les aurez pas portés deux jours, qu'ils ne vous blesseront plus.	You will not have worn them two days before they cease to hurt you.	you ouil not hav ouôrn them tou dez bifôr thé cîs tou heurt you.
Je vous ai dit plusieurs fois que je ne voulais point être gêné dans mes souliers.	I told you many times, that I do not like to be pinched in my shoes.	aï tôld you men'i taïmz, that ai dou not laik tou bi pintcht in maï chouz.
Je ne veux point gagner de cors.	I do not wish to get corns.	ai dou not ouiche tou hav cornz.
Je veux avoir le pied à mon aise.	I wish to be easy in my shoes.	ai ouiche tou bi îzi in maï chouz.
Le cuir est mauvais.	The leather is bad.	thi leth'eur iz bad.
L'empeigne ne vaut rien.	The upper leather is good for nothing.	thi eup'peur leth'eur iz goud for neu*th*'ing.
Les semelles sont trop minces.	The soles are too thin.	thi sôlz ar tou *thin*.
Les quartiers sont trop bas.	The quarters are too low.	thi couor'teurz ar tou lô.
Je ne veux point avoir le pied découvert.	I won't have my foot uncovered.	ai ouônt hav maï fout eunkeuv'eurd.
Les talons sont beaucoup trop larges.	The heels are a good deal too wide.	thi hîlz ar e goud dîl tou ouaïd.
Je suis sûr que ces souliers n'ont jamais été faits pour moi.	I am sure these shoes were never made for me.	ai am chour thîz chouz ouer nev'eur méd for mi.
Remportez-les, et faites-m'en une autre paire le plus tôt possible.	Take them back, and make me another pair as soon as possible.	ték them bac, and mék mi aneuth'eur païr az soun az pos'sib'l.
Avez-vous apporté mes bottes?	Have you brought my boots?	hav you bråt maï bouts?
Oui, Monsieur, les voici.	Yes Sir, here they are.	yes seur, hîr thé ar.
La tige de cette botte est trop haute.	The leg of this boot is too high.	thi leg ov this bout iz tou haï.
Je vous ai dit de faire les talons très-hauts.	I told you to make the heels very high.	ai tôld you tou mék thi hîlz ver'i haï.

Je ne puis pas souffrir les talons bas.	I can't bear low heels.	aï cant bèr lô hîlz.
Prenez ces bottes, elles ont besoin d'être remontées.	Take these boots, they want new-fronting.	tèk thîz bouts, thé ouont niou-freunt'ing.
Cette paire-là a besoin d'être ressemelée.	That pair wants soling and heeling.	that pair ouonts sôling and hîling.
Mettez des demi-semelles à ces souliers.	Half-sole these shoes.	haf-sôl thîz chouz.
N'oubliez pas d'y mettre quelques pointes.	Don't forget to put a few brads in them.	dônt forget' tou pout é fiou bradz in them.
Rendez-les moi bientôt.	Send them back soon.	send them bac soun.

DIALOGUE XXIII.

AVEC UN MÉDECIN.

DIALOGUE XXIII.

WITH A PHYSICIAN.

DAÏEULOG XXIII.

OUITH É PHIZICH'EUN.

Monsieur, j'ai pris la liberté de vous envoyer chercher.	Sir, I have taken the liberty to send for you.	seur, aï hav ték'n thi lib'eurtı tou send for you.
Je crains d'avoir besoin de votre assistance.	I am afraid I need your assistance.	aï am afréd aï nîd your assis'tance.
Comment vous trouvez-vous en ce moment?	How do you find yourself at present.	haou dou you faind yourself' at prez'ent.
Je ne sais. Je me trouve tout je ne sais comment.	I don't know. I find myself I don't know how.	aï dônt nô. aï faind maïself aï dônt nô haou.
J'ai la tête tout étourdie, et j'ai de la peine à me tenir sur mes jambes.	My head is giddy, and I can hardly stand on my legs.	maï hed iz gid'dı, and aï can hard'lı stand on maï legz.
Je ne suis pas bien du tout.	I am not well at all.	aï am not ouel at âl.
Je me sens bien malade.	I feel myself very ill.	aï fîl maïself ver'i il.
Je suis d'une faiblesse étonnante.	I am uncommonly weak.	aï am euncom'meunlı ouîk.

Depuis quand êtes-vous malade?	How long have you been ill?	haou long hav you bîn il?
Comment cela a-t-il commencé?	How were you taken ill?	haou ouer youték'n il?
Cela me prit avant-hier par un frisson.	It began the day before yesterday by a shivering.	it bigan' thi dé bifòr yes'teurdé baï é chiv'euring.
Ensuite j'ai transpiré beaucoup, et j'ai toujours été mal depuis.	Then I perspired profusely, and have been ill ever since.	then aï peurspaïrd profious'li, and hav bîn il ev'eur since.
Avez-vous senti des maux de cœur?	Did you feel a nausea?	did you fîl é nâchia?
Oui, dans le premier instant, mais cela s'est dissipé, et il m'est resté un mal de tête épouvantable.	Yes, at first, but that went off, and I have had a terrible headache ever since.	yes, at feurst, but that ouent of, and aï hav had é ter'rib'l hed'ék ev'eur since.

DIALOGUE XXIV.
MÊME SUJET.

DIALOGUE XXIV.
THE SAME.

DAÏEULOG XXIV.
THI SÉM.

Où sentez-vous du mal actuellement?	Where do you feel pain now?	houèr dou you fîl pén naou?
J'ai des douleurs dans la tête.	I have pains in my head.	aï hav pénz in maï hed.
J'ai un grand mal de tête.	My head aches terribly.	maï hed éks ter'ribli.
Je sens des maux de cœur, et des envies de vomir.	I feel sick, and sometimes am ready to reach.	aï fîl sic, and seumtaïmz am red'i tou rîtch.
Je sens du mal à l'estomac.	I feel a pain in my stomach.	aï fîl é pén in maï steum'ac.
J'ai mal à la gorge.	I have a sore throat.	aï hav é sòr *thr*òt.
Je sens des douleurs d'entrailles.	I feel a pain in my bowels.	aï fîl é pén in maï baou'elz.
J'ai eu le frisson toute la nuit.	I have had a shivering the whole night long.	aï hav had é chiv'euring thi hòl naït long.

J'ai des douleurs dans le côté, et j'ai de la peine à respirer.	I feel pains in my side, and I breathe with difficulty.	aï fîl pénz in maï saïd, and aï brîth ouith dif'fikeulti.
Vous sentez-vous un peu d'appétit?	Do you feel a little appetite?	dou you fîl é lit't'l ap'pitaït?
Je n'ai presque rien mangé depuis deux jours.	I have hardly eaten any thing these two days.	aï hav hard'li it'n en'i thing thîz tou déz.
Voyons votre langue. — Montrez-moi votre langue.	Let me see your tongue.	let mi sî your tung.
Vous avez la langue un peu chargée.	Your tongue is foul.	your tung iz faoul.
Il y a de l'humeur dans l'estomac.	The stomach is loaded.	thi steum'ac iz lôded.
Il vous faudra prendre une petite médecine.	You must take a little medicine.	you meust têk é lit't'l med'cin.

DIALOGUE XXV.
MÊME SUJET.

DIALOGUE XXV.
THE SAME.

DAÏEULOG XXV.
THI SEM.

Donnez-moi votre bras	Give me your arm.	giv mi your arm.
Que je vous tâte le pouls.	Let me feel your pulse.	let mi fîl your peulce.
Votre pouls est un peu agité.	Your pulse is a little flurried.	your peulce iz é lit't'l fleur'rid.
Votre pouls est un peu élevé.	Your pulse is a little elevated.	your peulce iz é lit't'l el'ivéted.
Votre pouls est dur. Il y a de la fièvre.	Your pulse is hard. There is a fever.	your peulce iz hard. ther iz é fîveur.
Vous avez un peu de fièvre.	You are feverish.	you ar fîveuriche.
Croyez-vous ma maladie dangereuse?	Do you think my illness dangerous?	dou you thingk maï il'nes dénjeureus?
Non. Mais il faut prendre garde qu'elle ne le devienne.	No. But you must take care lest it should become so	no. beut you meust têk kèr lest it choud bikeum so.

Que faut-il que je fasse?	What am I to do?	houot am aï tou dou?
Je vous enverrai quelque chose à prendre, et vous reverrai demain matin.	I will send you something to take, and see you again to-morrow morning.	aï ouil send you seum'thing tou ték, and si you agen tou-mor'ro mor'ning.
Ai-je autre chose à faire?	Must I do any thing besides?	meust aï dou en'i thing bisaïdz?
Non. Ayez seulement soin de vous tenir chaudement.	No. Only take care to keep yourself warm.	no. ônli ték kèr tou kîp yourself' ouorm.
Tâchez de ne point attraper de froid.	Endeavour not to catch cold.	endev'eur not tou catch é côld.
Nous verrons demain, s'il n'est pas à propos de tirer un peu de sang.	We shall see to-morrow whether it will not be proper to take a little blood.	oui chal si tou-mor'ro houeth'eur it ouil not bi prop'eur tou ték é lit't'l bleud.

DIALOGUE XXVI.

MÊME SUJET.

DIALOGUE XXVI.

THE SAME.

DAÏEULOG XXVI.

THI SÉM.

Comment avez-vous passé la nuit?	How have you passed the night?	haou hav you past thi naït?
Comment vous trouvez-vous depuis hier?	How do you find yourself since yesterday?	haou dou you faind yourself sins yes'teurdé
Je me sens beaucoup mieux.	I feel myself much better.	aï fîl maïself meutch bet'teur.
Je n'ai pas été si agité, et j'ai un peu dormi.	I have not been so much agitated, and I slept a little.	aï hav not bin so meutch adj'iteted, and aï slept é lit't'l.
La fièvre est beaucoup diminuée.	The fever is much abated.	thi fîveur iz meutch abéted.
La fièvre est presque tombée.	The fever is almost gone.	thi f veur iz ol'môst gon
Sentez-vous encore du mal à l'estomac? au côté? etc.	Do you feel any more pain in your stomach? in your side? etc.	dou you fîl en'i môr pén in your steum'ac? in your saïd? etc.
Beaucoup moins. Je suis beaucoup soulagé.	Much less than I did. I am a good deal easier	meutch less than aï did, aï am é goud dîl îzieur,

vous enverrai encore une bouteille, que vous prendrez comme hier.	I will send you another bottle, which you will take as you did yesterday.	aï ouïl send you aneuth'eur bot'l'l, houïtch you oûhl tek az you did yes'teurde.
Je puis vous promettre que ce ne sera rien de sérieux.	I can promise you that it will have no serious consequence.	aï can prom'is you that it ouïl hav no sirieus con'sicouence.
Dans deux ou trois jours vous serez guéri.	In two or three days you will be quite well.	in tou or thrî déz you ouïl bi couaït ouél.

DIALOGUE XXVII.

DIALOGUE XXVII.

DAÏLULOG XXVII.

LE JEU DE CARTES.

PLAYING AT CARDS.

PLÉING AT CARDZ.

Que ferons-nous pour passer le temps ?	What shall we do to spend the time ?	houot chal ouï dou tou spend thi taïm ?
Jouez-vous le piquet ?	Can you play at picquet ?	can you plé at piket' ?
Voulez-vous faire une partie de piquet ?	Will you have a game at picquet ?	ouïl you hav é gém at piket' ?
Volontiers. Mais je ne suis pas un grand joueur.	Willingly. But I am not a great player.	ouïl'lingli, beut aï am not e grét plécur.
On joue toujours bien quand on a beau jeu.	One always plays well with a good hand.	oueun âlouez plez ouél ouïth é goud hand.
Combien jouerons-nous la partie ?	How much shall we play for ?	haou meutch chal ouï plé for ?
Jouons un schelin, pour nous amuser.	Let us play for a shilling, just to amuse ourselves.	let eus plé for é chil'ing, djeust tou amiouz aourselvz.
Voyez si le jeu est entier.	See whether the pack is entire.	sî houeth'eur thi pac iz enïair.
Non. Il y manque deux cartes.	No. There are two cards wanting.	no. ther ar tou cardz ouont'ing.
Avez-vous ôté les basses cartes ?	Did you throw out the small cards ?	did you thrô aout thi smâl cardz ?

Voyons qui fera. — Voyons qui de nous deux fera.	Let's see who shall deal	lets si hou chal dil.
Coupez.	Cut.	keut.

DIALOGUE XXVIII.
MÊME SUJET.

DIALOGUE XXVIII.
THE SAME.

DAÏEULOG XXVIII.
THI SÈM.

C'est à moi à donner.	I am to deal.	aï am tou dil.
C'est à vous à donner.	You are to deal.	you ar tou dil.
A qui est à faire ?	Who is to deal ?	hou iz tou dil ?
Je suis le premier en cartes.	I am the first. — I have the hand.	aï am thi feurst. — aï hav thi hand.
Je suis dernier en cartes.	I am the last.	aï am thi last.
Mêlez bien les cartes, car toutes les figures se trouvent ensemble.	Shuffle the cards well, for all the court cards are together.	cheuff'l thi cardz ouel, for âl the côrt cardz ar tougeth'eur.
J'ai une carte de moins. — Il me manque une carte.	I want a card.	aï ouont é card.
Cela est vrai. Il y en a une de trop dans le talon.	True. There is one too many in the stock.	trou. ther iz oueun tou men'i in thi stoc.
Il manque une carte au talon.	There wants one card in the stock.	ther ouonts oueun card in thi stoc.
Refaites.	Deal again.	dil agen.
C'est à vous à couper.	You are to cut.	you ar tou keut.
Coupez, s'il vous plaît.	Cut, if you please.	keut, if you pliz.

Je suis bien embarrassé pour écarter.	I am quite puzzled to discard.	ai am couait peuz'z'ld tou dis'card.
M'en laissez-vous ?	Do you leave me any?	dou you liv mi en'i ?
Je laisse deux cartes.	I leave two cards.	ai liv you tou cardz.
J'en laisse une.	I leave one.	ai liv oueun.
Je suis sûr que j'écarte tout mon jeu.	I am sure I put out my game.	ai am chour ai pout aout mai gém.
J'ai écarté la partie.	I have discarded the game.	ai hav discard'ed thi gém.
Il ne m'est rentré rien de bon.	I took in nothing good.	ai touk in neuthing goud.
Il me rentre très-beau jeu.	I took in very good cards.	ai touk in ver'i goud cardz.

DIALOGUE XXIX.
MÊME SUJET.

DIALOGUE XXIX.
THE SAME.

DAÏLULOG XXIX.
THI SÉM.

C'est à vous à parler.	You are to call.	you ar tou càl.
Accusez votre point.	Call your point.	càl your points.
Cinq cartes, six cartes, soixante, cinquante, etc.	Five cards, six cards, sixty, fifty, etc.	faiv cardz, sics cardz six'ti, lif'ti, etc.
Ils sont égaux. J'en ai autant.	They are equal. I have as many.	thé ar ícoual. ai hav az men'i.
Ils sont bons.	They are good.	thé ar goud.
Ils ne sont pas bons. — Ils ne valent point.	They are not good.	thé ar not goud.
Une dix-septième, une seizième, une quinte, une quatrième, une tierce majeure, au roi, à la dame, etc.	A seventeenth, a sixteenth, a quint, a quart, a tierce major, from the king, from the queen, etc.	é sev'v'ntinth, é six'tinth. é couint, e couort, é tîrce médjeur, from thi king, from thi couin, etc.
Elle est bonne.	It is good.	it iz goud.
J'ai la pareille. — J'ai la même.	I have the same.	ai hav thi sém.

Elle ne vaut pas.	It is not good.	it iz not goud.
J'ai un quatorze d'as, de rois, etc.	I have a quatorze by aces, by kings, etc.	aï hav é couatôrze baï éciz, baï kingz, etc.
Trois as, trois valets, etc., valent-ils ?	Are three aces, three knaves, etc., good?	ar *thr*í éciz, thrí névz, etc. goud ?
Trois dames sont-elles bonnes ?	Are three queens good?	ar *thr*í couînz goud ?
Non. J'ai un quatorze qui vaut mieux.	No. I have a quatorze which is better.	no. aï hav é couatôrze houïtch iz bet'teur.
Je n'ai donc rien à compter.	Then I have nothing to tell.	then aï hav neu*th*'ing tou tel.
Jouez.	Play away.	plé a-oué.
Je joue cœur, carreau, pique, trèfle.	I play a heart, diamond, spade, club.	aï plé é hart, daïmeund, sped, cleub.
Je gagne les cartes.	I have the cards.	aï hav thi cardz.
Je suis capot.	I am capot.	aï am capot'.
Vous m'avez fait capot.	You made me capot.	you méd mi capot'.
Vous avez les cartes.	You win the cards.	you ouïn thi cardz.
Vous avez perdu.	You have lost.	you hav lost.
Donnez-moi ma revanche.	Give me my revenge.	giv mi maï rivendj'.

DIALOGUE XXX.

MÊME SUJET.

DIALOGUE XXX.

THE SAME.

DAÏEULOG XXX.

THI SÉM.

Faisons une partie de whist.	Let us play a game of whist.	let eus plé é gém ov houïst.
Marquez, s'il vous plaît.	Mark, if you please.	maïk, if you plîz.
Quel est l'atout ?	What's trump?	houots treump ?
Carreau, cœur, etc.	Diamonds, hearts, etc.	daïmeundz, harts, etc.
Combien avez-vous de levées ?	How many tricks have you?	haou men'i triks hav you ?
C'est moi qui fais la levée.	I make the odd trick.	aï mék thi od trik.
Qui a les honneurs ?	Who has the honours?	hou haz thi hon'eurz.
J'ai deux honneurs.	I have two by honours	aï hav tou baï hon'eurz.
Vous avez coupé mon roi.	You have trumped my king.	you hav treumpt maï king.

A-t-on joué la dame ?	Is the queen out?	iz thi couin aout ?
J'ai très-mauvais jeu.	I have very bad cards.	aï hav ver'i bad cardz.
Nous ne gagnerons pas cette partie.	We shall not win this game.	oui chal not ouin this gém.
Je joue très-mal.	I play very badly.	aï plé ver'i bad'li.
Je n'ose pas jouer avec vous.	I dare not play with you	aï dair not plé ouith you.
Vous me flattez ; je ne joue pas si bien que vous croyez.	You flatter me, I don't play so well as you think.	you flat'teur mi, aï dônt plé so ouel az you thingk.
Vous avez gagné le rob.	You have won the rubber.	you hav oueun thi reub'-beur.
Nous avons bien joué cette fois.	We played well this time.	oui pléd ouel this taïm.
Mon partner joue très-bien.	My partner plays very well.	maï part'neur pléz ver'i ouel.
J'ai perdu trois parties ce soir.	I have lost three rubbers this evening.	aï hav lost thri reub'-beurz this iv'ning.
Vous serez plus heureux une autre fois.	You will be more fortunate another time.	you ouil bi môr for tch-iounétaneuth'eur taïm

DIALOGUE XXXI.

A UN BAL.

DIALOGUE XXXI.

AT A BALL.

DAÏEULOG XXXI.

AT É BÂL.

Monsieur, je suis charmé de vous voir.	I am very happy to see you, Sir.	aï am ver'i hap'pi tou si you, seur.
Madame, nous sommes enchantés de vous voir.	We are most happy to see you, Ma'am.	oui ar môst hap'pi tou si you, mam.
C'est très-aimable de votre part de venir nous voir.	It is very kind of you to come and see us.	it iz ver'i caïnd ov you tou keum and si eus.
Permettez-moi de conduire Madame à une place	Allow me to conduct Mrs. *** to a seat.	allaou mi tou kondeucl' missiz *** tou é sît.
Vous offrirai-je mon bras?	Shall I offer you my arm ?	chal aï offeur you maï arm ?
Monsieur, je vous remercie.	I thank you, Sir. I am much obliged to you.	aï thangk you, seur. aï am meutch oblaïdjd tou you.

Quelle charmante réunion !	What a delightful party !	houot é delaitfoul par'ti !
Quel joli coup d'œil !	What a very pretty sight !	houot é ver'i pret'ti sait !
Les toilettes sont très-élegantes.	The ladies are very elegantly dressed.	thi lédiz ar ver'i ouel drest.
C'est un très-beau bal.	It is a splendid ball.	it iz é splen'did bâl.
La musique est bonne.	The music is good.	thi miouzic iz goud.
Madame, m'accorderez-vous la faveur de danser cette contredanse avez-moi?	Will you do me the favour of dancing this quadrille with me, Ma'am ?	ouil you dou mi thi féveur of dans'ing this cadril' ouith mi, mam ?
Mademoiselle, aurai-je le plaisir de danser cette contredanse avec vous ?	Can I have the pleasure of dancing this quadrille with you, Miss ?	can ai hav thi plej'eur ov dans'ing this cadril' ouith you, miss ?
Monsieur, je suis invitée.	I am engaged, Sir.	ai am engédjd, seur.
Puis-je me promettre ce plaisir pour la suivante ?	May I hope to have that pleasure for the next ?	mé ai hôp tou hav that plej'eur for thi next ?
Certainement, Monsieur.	Certainly, Sir.	seur'tinli, seur.
Qui est cette dame ?	Who is that lady ?	hou iz that ledi ?
C'est madame B***.	It is Mrs'. B***.	it iz mis'siz B***.
Elle danse avec beaucoup de grâce.	She dances very gracefully.	chi dan'siz ver'i grécefoulli.
Monsieur, vous ne dansez pas ?	You don't dance, Sir.	you dônt dance, seur.
Pardonnez-moi, Madame, je n'ai pas manqué une seule contredanse.	Pardon me, Ma'am, I have not missed a single quadrille.	par'd'n mi, mam, ai hav not mist é sing'g'l cadril'.
Voulez-vous me faire le plaisir de danser avec cette jeune personne ? Elle n'a pas encore dansé.	Will you oblige me by dancing with that young lady ? She has not danced yet.	ouil you oblaidj mi bai dans'ing ouith that lédi ? chi haz not danst yet.
Certainement, Madame, avec beaucoup de plaisir.	Certainly, Ma'am, with much pleasure.	seur'tinli, mam, ouith meutch plej'eur.

Ce quadrille est très-joli. | This quadrille is very pretty. | this cadril' iz ver'i pret'ti.
De qui est-ce? | Whom is it by? | houm iz it baï?
C'est de la composition de M. H ***. | It is M. H***'s composition. | it iz M. H***'s compozich'eun.
C'est un plaisir de danser à cette musique. | It is a pleasure to dance to this music. | it iz é plej'eur tou dance tou this miou'zic.

DIALOGUE XXXII.

MÊME SUJET.

DIALOGUE XXXII.

THE SAME.

DAÏEULOG XXX I.

THI SÉM.

Mademoiselle, voulez-vous me faire l'honneur de valser avec moi? | Will you do me the honour of waltzing with me, Miss? | ouil you dou mi thi on'eur ov ouolts'ing ouith mi, miss?
Je le veux bien, monsieur. | With pleasure, Sir. | ouith plej'eur, seur.
Excusez-moi, monsieur, je ne valse pas. | Excuse me, Sir, I don't waltz. | exkiouz mi, seur, aï dônt ouolts.
La valse m'étourdit. | Waltzing makes me giddy. | ouolts'ing méks mi gid'di.
Je n'ose pas encore valser. | I am afraid to waltz yet. | aï am afréd tou ouolts yet.
Je n'ai pris que trois ou quatre leçons. | I have only taken three or four lessons. | aï hav ônli ték'n thrî or fôr les'seunz.

Vous valsez admirablement. | You waltz admirably. | you ouolts admir'abli.
C'est un plaisir de valser avec vous. | It is a pleasure to waltz with you. | it iz é plej'eur tou ouolts ouith you.
Savez-vous danser la polka? | Can you dance the polka? | can you dance thi pol'ka?
Oui, monsieur, mais je ne la danse pas très-bien. | Yes, Sir, but I don't dance it very well. | yes, seur, beut aï dônt dance it ver'i ouel.
Nous la danserons ensemble, si vous voulez. | We will dance it together if you please. | oui ouil dance it tougeth'eur if you pliz.

Je veux bien essayer.	I am very willing to try.	aï am ver'i ouïl'ling tou traï.
Danserons-nous le cotillon?	Shall we dance the cotillon?	chal ouï dance thi cotil'-ieun?
Madame, vous offrirai-je des rafraichissements?	Shall I offer you some refreshments, Ma'am?	chal aï of'feur you seum rifrech'ments, mam?
Permettez-moi de vous offrir une glace.	Allow me to offer you an ice.	allaou mi tou offeur you an aïce.
Voici un sorbet.	Here is a sherbet.	hîr iz é cheur'bet.
Ces fruits glacés sont excellents.	This iced fruit is excellent.	this aïst frout iz ex'cellent.
Prenez une de ces sandwiches.	Take one of these sandwiches.	ték oueun ov thiz sand'-ouitchiz.
Permettez-moi de vous présenter une tasse de chocolat.	Allow me to present you with a cup of chocolate.	allaou mi tou prizent' you ouith é keup ov tchoc'olet.
Voici un verre de punch.	Here is a glass of punch.	hîr iz é glass ov peuntch.

DIALOGUE XXXIII.
VOITURES DE LOUAGE.

DIALOGUE XXXIII.
HIRED CARRIAGES.

DAÏEULOG XXXIII.
HAIRD CAR'RIDJIZ.

Où allez-vous ce matin?	Where are you going this morning?	houèr ar you gôing this mor'ning?
Je vais faire des visites.	I am going to pay visits.	aï am gôing tou pé viz'its.
J'ai plusieurs visites à faire.	I have several visits to pay.	aï hav sev'eural viz'its tou pé.
Il faut que j'aille d'abord chez M. F***.	I must go first to Mr F***'s.	aï meust gô feurst tou mis'teur F***'s.
Vous ne le trouverez pas chez lui.	You won't find him at home.	you ouônt faïnd him at hôm.
Il est à la campagne.	He is in the country.	hi iz in thi keun'tri.
En ce cas je laisserai une carte chez lui.	In that case I shall leave a card at his house.	in that kéce aï chal liv é card at biz haouce.

Ensuite j'irai voir notre ami B***.	Afterwards. I shall go and see our friend B***.	af'teuroueurdz, aï chal gô and si aour frend B***.
Allez-y d'abord, et je vous accompagnerai.	Go there first, and I will accompany you.	gô ther feurst, and aï ouil ackeum'pani you.
Partons.	Let us go.	let eus gô.
Irons-nous en voiture ou à pied?	Shall we ride or walk?	chal oui raid or ouâk?
Allons en voiture pour ne pas nous fatiguer.	Let us ride, in order not to fatigue ourselves.	let eus raid, in or'deur not tou fatig aourselvz.
Comme il vous plaira.	Just as you please.	djeust az you pliz.
Cherchons un fiacre.	Let us look for a hackney coach.	let eus louk for é hak'ni côtch.
Nous trouverons une place dans la rue voisine.	We shall find a stand in the next street.	oui chal faind oueun on thi stand in thi next strît.
Voici un cabriolet, prenons-le.	Here is a cab, let us take it.	hîr iz é cab, let eus ték it.
Je préfère prendre une voiture de remise à l'heure.	I prefer taking a glass coach by the hour.	aï prifeur' téking é glass côtch baï thi aour.
Cocher, conduisez-nous rue ***.	Coachman, drive us to *** street.	côtchman, draïv eus tou *** strît.
Descendez-nous au numéro 50.	Set us down at number 50.	set eus daoun at neum'beur fif'ti.
Nous voici arrivés.	Here we are arrived.	hîr oui ar arraïvd.
Déjà!	Already!	âlred'i!
Cocher, voici le prix de votre course.	Coachman, here is your fare.	côtchman, hîr iz your fèr.
Et voici votre pourboire.	And here is something for yourself.	and hîr iz seum'thing for yourself'.

DIALOGUE XXXIV.
DANS UN OMNIBUS.

DIALOGUE XXXIV.	DIALOGUE XXXIV.	DAÏEULOG XXXIV.
DANS UN OMNIBUS.	IN AN OMNIBUS.	IN AN OM'NIBEUSS.
Faites signe au cocher de s'arrêter.	Motion to the driver to stop.	môcheun tou thi draïveur tou stop.
Appelez le conducteur.	Call to the conductor.	càl tou thi condeuc'teur.
Il n'y a pas de place.	There is no room.	ther iz no roum.
Nous sommes au complet.	We are full.	oui ar foul.
Il n'y a qu'une place.	There is but one place.	ther iz beut oueun pléce.
Il faut attendre.	We must wait.	oui meust ouèt.
Voici un autre omnibus.	Here is another omnibus.	hir iz aneuth'eur om'nibeus.
Il ne va pas du même côté.	It does not go the same way.	it deuz not gô thi sém oué.
Conducteur, où allez-vous ?	Conductor! where are you going ?	condeuc'teur! houèr ar you gòing ?
Nous allons à la Bourse.	We are going to the Exchange.	oui ar gôing tou thi roial extchendj.
Voici l'omnibus qu'il nous faut prendre.	This is the omnibus we must take.	this iz thi om'nibeus oui meust ték.
Montons.	Let us get up.	let eus get eup.
Montez d'abord.	You get up first.	you get eup feurst.
Je ne puis pas m'asseoir.	I can't sit down.	aï cant sit daoun.
Monsieur, voulez-vous avoir la bonté de reculer un peu.	Will you be so kind, Sir, as to sit a little further on.	ouil you bi so caind, seur, az tou sit é litt'l feur'theur on.
Asseyez-vous dans ce coin.	Sit in this corner.	sit in this cor'neur.
Nous allons très-lentement.	We are going very slowly.	oui ar gôing in ver'i slôli.
La rue est encombrée de voitures.	The street is crowded with carriages.	thi strît iz craouded ouith car'ridjiz.
Nous n'avançons pas.	We don't get on.	oui dònt get on.
Quand je suis pressé je	When I am in haste I	houen aï am in hést aï

Je ne monte jamais en omnibus.	I never get into an omnibus.	nev'eur get in'tou an om'nibeus.
Où sommes-nous maintenant ?	Where are we now?	houèr ar oui naou ?
Nous sommes dans la rue ***.	We are in *** street.	oui ar in *** strît.
Conducteur, descendez-moi au coin de la rue ***.	Conductor, set me down at the corner of *** street.	condeuc'teur, set mi daoun at thi cor'neur ov *** strît.
Arrêtez, s'il vous plaît.	Stop, if you please.	stop, if you plîz.
Laissez-moi descendre d'abord.	Let me get down first.	let mi get daoun feurst.
Prenez garde.	Take care.	tèk kèr.
Donnez-moi la main.	Give me your hand.	giv mi your hand.
Prenez ma main.	Take hold of my hand.	tèk hold ov maï hand.
Tenez mon bras.	Hold my arm.	hôld maï arm.
Ne vous pressez pas.	Don't be in a hurry.	dônt bi in é heur'ri.

DIALOGUE XXXV.
AVANT LE DÉPART.

DIALOGUE XXXV.
BEFORE A DEPARTURE.

DAIEULOG XXXV.
BIFÔR DIPAR'TCHEUR.

Avez-vous quelque commission pour Londres ?	Have you any commission for London?	hav you en'i commich'eune for Leun'deun ?
Est-ce que vous allez à Londres ?	Are you going to London?	ar you gôing tou Leun'deun ?
Oui. Y a-t-il quelque chose que j'y puisse faire pour vous ?	Yes. Is there any thing that I can do for you there?	yes. iz ther en'i thing that aï can dou for you ther ?
Vous êtes bien aimable.	You are very kind.	you ar ver'i caïnd.
Quand comptez-vous partir ?	When do you think of going?	houen dou you thingk ov gôing ?
Je pars demain matin.	I set out to-morrow morning.	aï set aout tou-mor'ro mor'ning.
Allez-vous par la diligence ?	Do you go by the stage-coach?	dou you gô baï thi stédj-côtch ?

Non. J'ai commandé une chaise de poste.	No. I have ordered a post-chaise.	no. aï hav or'deurd é pôst-chéze.
Je vais par le chemin de fer.	I am going by the railway.	aï am gôing baï thi rél-oue.
Combien de temps comptez-vous y rester ?	How long do you mean to stay there?	haou long dou you min tou sté ther ?
Quand serez-vous de retour ?	When shall you be back again ?	houen chal you bi bac agen' ?
Je compte rester quatre ou cinq jours.	I think of staying four or five days.	aï thingk ov stéing fôr or faïv dez.
Mais je crains d'être retenu plus longtemps.	But I am afraid I shall be detained longer.	beut aï am afréd aï chal bi diténd long'geur.
Cela est très-probable.	It is very likely.	it iz ver'i laïkli.
C'est pourquoi il vaut mieux compter sur un plus long séjour.	Therefore it is better to reckon upon a longer stay.	theï fôr it iz bet'teur tou rec'k'n eupon é long'-geur sté.
Si je puis vous y être utile, dites-le-moi.	If I can be of any use to you there, let me know.	if aï can bi ov en'i iouce tou you ther, let mi nô.
S'il y a quelque chose que je puisse faire pour vous, je m'en chargerai avec plaisir.	If there is any thing I can do for you, I shall be very happy to do it.	if ther iz en'i thing aï can dou for you, aï chal bi ver'i happi tou dou it.
Je profiterai de votre offre obligeante, et je passerai chez vous dans la soirée.	I shall avail myself of your kind offer, and call upon you in the course of the evening.	aï chal avél maïself' ov your caïnd of'feur, and câl eupon' you in thi côrs ov thi îv'ning.
Vous êtes sûr de me trouver à la maison.	You are sure to find me at home.	you ar chour tou faïnd mi at hôm.

— 175 —

DIALOGUE XXXVI.	DIALOGUE XXXVI.	DAÏEULOG XXXVI.
VOYAGE EN CHEMIN DE FER.	TRAVELLING BY RAILWAY.	TRAV'V'LING BAÏ RELOUÉ.
Avez-vous fait tous vos préparatifs de départ?	Have you made all your preparations for departure?	hav you méd âl your priparécheunz for dipar'tcheur?
Tout est prêt.	Every thing is ready.	ev'euri *thing* iz red'i.
Faites venir un commissionnaire pour porter mes effets.	Send for a porter to carry my luggage.	send for é pôrteur tou car'ri maï leug'gédj.
Je prendrai l'omnibus du chemin de fer.	I shall take the railway omnibus.	aï chal ték thi rél-oué om'nibeus.
Portez ces effets au bureau de l'omnibus.	Take that luggage to the omnibus office.	ték that leug'gédj tou thi om'nibeus office.
Quand partez-vous?	When do you start?	houen dou you start?
Nous partons dans cinq minutes, Monsieur.	We start in five minutes, Sir.	oui start in faïv min'its, seur.
Montez en voiture, s'il vous plaît.	Get up if you please.	get eup, if you pliz.
Il me semble qu'il est bien tard.	It seems to me to be very late.	it simz tou mi tou bi ver'i lét.
Dans combien serons-nous à l'embarcadère.	How soon shall we be at the terminus?	haou soun chal oui bi at thi teur'mineus?
Nous y serons dans un quart d'heure.	We shall be there in a quarter of an hour.	oui chal bi ther in é couor'teur ov an aour.
J'ai peur que vous n'arriviez trop tard pour le convoi de huit heures.	I am afraid you will arrive too late for the eight o'clock train.	aï am afréd you ouil arraïv tou lét for thi ét o'cloc trén.
Rassurez-vous, Monsieur, nous ne sommes jamais en retard.	Don't be uneasy, Sir, we are never after time.	dônt bi eunîzi, seur, oui ar nev'eur af'teur taïm.
Nous voici à la gare.	Here we are at the terminus.	hîr oui ar at thi teurmineus.

Le convoi partira dans cinq minutes.	The train will start in five minutes.	thi trén ouil start in faïv min'its.
Prenez vite votre bulletin.	Make haste and take your ticket.	mék hést and ték your tic'ket.
Quelle place prenez-vous?	What place do you take?	houot pléce dou you ték?
Je prendrai une place de première classe.	I shall take a first class place.	aï chal ték é feurst class pléce.
J'irai dans une voiture de deuxième classe.	I shall go in a second class carriage.	aï chal gô in é sek'eund class car'ridj.
Quels effets avez-vous, Monsieur?	What luggage have you, Sir?	houot leug'gédj hav you, seur?
J'ai deux malles, un sac de nuit et un carton à chapeau.	I have two trunks, a carpet-bag, and a hat-box.	aï hav tou treungks, é car'pet-bag, and é hat-box.
Ayez bien soin du carton à chapeau.	Take great care of the hat-box.	ték grét kèr of thi hat-box.

DIALOGUE XXXVII.
MÊME SUJET.

DIALOGUE XXXVII.
THE SAME.

DAILULOG XXXVII.
THI SÉM.

Voici la locomotive qui doit nous traîner.	Here is the locomotive engine that is to draw us.	hir iz thi lôcomotiv en'djin that iz tou drâ eus.
Nous avons deux locomotives.	We have two engines.	ouï hav tou en'djinz.
Il faut une très-grande force pour traîner un convoi de vingt-cinq voitures.	It requires a very great force to draw a train of twenty five carriages.	it ricouaïrz é ver'i grét force tou drâ é trén ov touen'ti faïv car'-ridjiz.
Quelle est la force de ces machines?	What is the power of those engines?	houot iz thi paou'eur ov thôz en'djinz?
Elles sont chacune de la force de vingt chevaux.	They are each of a twenty horse power.	thé ar itch ov é touen'ti-horse paou'eur.

Allons-nous par le trajet direct?	Are we going by the fast train.	ar oui gòing baï thi fast trén.
Non, celui-ci est le 'trajet à stations.	No, this is the stopping train.	no, this trén iz thi stop'-ping trén.
A quelle heure part le convoi de marchandises?	At what o'clock does the luggage train start?	at houot o'cloc deuz thi leug'gédj tren start?
Il y en a deux par jour : l'un part à dix heures du matin, et l'autre à trois heures de l'après-midi.	There are two a day: one starts at ten o'clock in the morning, and the other at three in the afternoon.	ther ar tou é dé : oueun starts at ten o'cloc in thi mor'ning, and thi euth'eur at *thrî* in thi afteur noun.
Votre ami vient-il avec nous?	Does your friend come with us?	deuz your frend keum ouith eus?
Non, il part à midi par le convoi mixte.	No, he leaves at twelve o'clock by the mixed train.	no, hi livz at touelv o'cloc baï thi mixt trén.
Fera-t-il un long séjour à***?	Will he make a long stay at *** ?	ouil hi mék é long sté at *** ?
Il n'y restera pas, il compte revenir demain soir par le convoi lent.	He won't remain there, he expects to return to-morrow evening by the heavy train.	hi ouônt rimén ther, hi expects' tou riteurn' tou mor'ro iv'ning baï thi hev'i trén.
En voiture, Messieurs.	Get to your places, gentlemen.	get tou your pléciz, djen't'lmen.
Dépêchez-vous, le convoi part à l'instant.	Make haste, the train is just going to start.	mek hést, thi trén iz djeust gôing tou start.
Je préfère aller sur l'impériale.	I prefer taking a place outside.	aï prifeur téking é plèce aout'saïd.
Montez vite, Monsieur.	Get up quickly, Sir.	get eup couikli, seur.
Voilà le signal du départ.	That's the signal for starting.	thats thi sig'nal for thi start'ing.
Nous voilà partis.	We are off.	oui ar of.

DIALOGUE XXXVIII.
MÊME SUJET.

Nous sommes déjà loin de l'embarcadère.
Nous avons déjà fait quatre ou cinq lieues.
Nous avons fait juste six milles.
Nous avons mis deux minutes à faire le dernier mille.
Nous faisons un mille et demi par minute.

C'est voyager rapidement.
L'autre jour nous n'avons mis que deux minutes et demie pour faire une lieue.
Une telle vitesse me ferait peur.
Pour ma part j'aime à aller vite.
Plus nous allons vite, plus je suis content.

Il me semble que nous avançons en ce moment avec une vitesse prodigieuse.
Véritablement je commence à avoir peur.
Je crains que la machine ne sorte des rails.
Ne craignez rien.

DIALOGUE XXXVIII.
THE SAME.

We are already far from the terminus.
We have already gone four or five leagues.
We have gone just six miles.
We went the last mile in two minutes.
We go a mile and a half a minute.

This is quick travelling.
The other day we were only two minutes and a half going a league.
Such speed would frighten me.
For my part I like going fast.
The faster we go, the better I like it.

It seems to me that we are moving forward now with a mazing swiftness.
I really begin to be frightened.
I am afraid the engine will go off the rails.
Don't be afraid.

DAÏEULOG XXXVIII.
THI SÉM.

oui ar âlred'i far from thi teur'mineus.
oui hav âlred'i gon fôr or faiv ligz.
oui hav gon djeust sics mailz.
oui ouent thi last maïl in tou min'its.
oui gô é mail and é haf é min'it.

this iz couic trav'eling.
thi euth'eur dé oui ouer ônli tou min'its and é haf gôing é lig.

seutch spid ououd fraït'n mi.
for maï part aï laik gôing fast.
thi fas'teur oui gô, thi bet'teur aï laik it.

it simz tou mi that oui ar mouv'ing for'oueurd naou ouith amézing souiftness.
aï bigin' tou bi fraït'nd.

aï am afréd thi en'djin ouil gô of thi rélz.

dônt bi afréd.

Nous sommes terriblement secoués.	We are terribly shaken.	oui ar ter'ribli chék'n.
C'est parce que nous sommes loin de la locomotive.	It is because we are far from the engine.	it iz bicâz oui ar far from thi e'ndjin.
Il y a douze voitures, outre le tender, entre la nôtre et la locomotive.	There are twelve carriages, besides the tender, between ours and the engine.	ther ar touelv car'ridjiz, bisaidz thi ten'deur, bitouin aourz and thi en'djin.
Voici un convoi qui vient.	Here is a train coming.	hîr iz e trén keum'ing.
C'est le convoi de retour.	It is the back train.	it iz thi bac tren.
On dirait qu'il est sur notre voie.	It looks as if it were on our line.	it louks az if it ouer on aour lain.
Ne vous alarmez pas; les convois de retour vont toujours sur l'autre ligne et les convois d'aller sur celle-ci.	Don't be alarmed; the up trains always go on the other line and the down trains on this one.	dônt bi alarmd ; thi eup trenz âlouez gô on thi euth'eur lain and thi daoun trenz on this oueun.

DIALOGUE XXXIX.

MÊME SUJET.

DIALOGUE XXXIX.

THE SAME.

DAIËLOG XXXIX.

THI SÉM

Nous voici arrivés à la première station.	Here we are at the first station.	hîr oui ar at thi feurst stécheun.
Combien de temps resterons-nous ici?	How long shall we stop here?	haou long chal oui stop hîr ?
Nous n'y resterons que trois minutes.	We shall stop here only three minutes.	oui chal stop hîr ônli thrî min'its.
Il y a beaucoup de voyageurs qui attendent à la gare.	There are a great many passengers waiting at the station.	ther ar é grét men't pas'sendjeurz ouéting at thi stécheun.
Nous voilà partis de nouveau.	We are off again.	oui ar of agen.

Qu'est-ce que je vois devant nous?	What do I see before us?	houot dou aï si bifôr eus?
C'est un souterrain.	It is a tunnel.	it iz é teun'nel.
Nous sommes dans l'obscurité.	We are in the dark.	oui ar in thi darc.
Nous en serons bientôt sortis, car le souterrain n'est pas très-long.	We shall soon be out of it, for the tunnel is not very long.	oui chal soun bi aout ov it, for thi teun'nel iz not ver'i long.
Il me paraît au contraire très-long.	It seems to me, on the contrary, very long.	it sîmz tou mi, on thi con'treri, ver'i long.
Après celui-ci nous en aurons un d'une demi-lieue à parcourir.	After this one we shall have to go through one of half a league in length.	af'teur this oueun oui chal hav tou gô throu oueun ov hal é lîg in length.
Voici encore une station: nous y arrêterons-nous?	Here is another station: are we to stop here?	hîr iz aneuth'eur stécheun: ar oui tou stop hîr?
Oui, nous allons y rester cinq minutes.	Yes. We shall remain here five minutes.	yes oui chal rimén hîr faiv min'its.
Où sommes-nous à présent?	Where are we now?	houèr ar oui naou?
On dirait que nous sommes suspendus en l'air.	It seems as if we were suspended in the air.	it sîmz az if oui ouer seus'pended in thi air.
Nous passons sur un viaduc.	We are passing over a viaduct.	oui ar pass'ing ôveur e vaideuct.
Voici l'avant-dernière station.	Here is the last station but one.	hîr iz thi last stécheun beut oueun.
Nous avons encore un pont à passer.	We have another bridge to pass over.	oui hav aneuth'eur bridj tou pass ôveur.
Nous serons bientôt au terme de notre voyage.	We shall soon be at our journey's end.	oui chal soun bi at aour djeur'niz end.
Cette station est la dernière.	This station is the last.	this stécheun iz thi last
Vous voici enfin au débarcadère.	Here we are at the terminus at last.	hîr oui ar at thi teur'mineus at last.

Veuillez me remettre votre bulletin, Monsieur.	Have the goodness to give me your ticket, Sir.	hav thi goud'ness tou giv mi your tik'et, seur.
Le voici.	Here it is.	hîr it iz.
Allons chercher nos effets.	Let us go and get our luggage.	let eus gô and get aour lug'gédj.
Dépêchons-nous d'arriver à l'omnibus, autrement nous ne trouverons pas de place.	Let us make haste to the omnibus, or we shall not get a place.	let eus mék hast tou thi omnibeus, or oui chal not get é pléce.

DIALOGUE XL.

L'EMBARQUEMENT.

DIALOGUE XL.

EMBARKING.

DAÏLULOG XL.

EMBARK'ING.

Quand partez-vous pour la France?	When do you leave for France?	houen dou you liv for France?
Je partirai dans deux jours.	I shall leave in two days.	aï chal liv in tou déz.
Où vous embarquerez-vous?	Where shall you embark.	houèr chal you embark'?
J'ai l'intention de prendre le bateau à vapeur du pont de Londres.	I intend to take the steam-packet from London Bridge.	aï intend tou ték thi stîmpac'ket from Leun'deun bridj.
Avez-vous votre passeport?	Have you your passport?	hav you your pass'port.
J'ai été le chercher ce matin.	I went to get it this morning.	aï ouent tou get it this mor'ning.
Je vous conseille d'aller arrêter votre place immédiatement.	I advise you to go and secure your place immediately.	aï advaïz you tou gô and sikiour your pléce immîdietli.
Si vous tardez plus longtemps vous ne trouverez peut-être pas de case.	If you wait longer perhaps you won't find a berth.	if you ouét long'geur praps you ouônt faind é beurth.
Prenez-vous une première ou une seconde place?	Do you go in the main cabin or the fore cabin?	dou you gô in thi mén cab'in or thi fôr cab'in?

Quels sont les prix des places?	What are your prices?	houot ar your praiciz.
Les premières sont de vingt-six francs et les secondes de dix-sept.	The main cabin is twenty five francs and the fore cabin seventeen.	thi mén cab'in iz touen'ti faiv frangks and thi fòr cab'in sev'ntin.
Les premières sont d'une guinée et les secondes de dix-sept schellings.	The main cabin is a guinea and the fore cabin seventeen shillings.	thi men cab'in iz é gin'ni and thi fòr cab'in sev'ntin chil'lingz.
Prenons les premières places.	Let us go in the main cabin.	let eus gô in thi mén cab'in
A quelle heure le bateau part-il?	At what o'clock does the packet start?	at houot o'cloc deuz thi pac'ket start?
Il part à quatre heures de l'après-midi.	She leaves at four o'clock in the afternoon.	chi livz at fòr o'cloc in thi af'teurnoun.
Où sont vos effets?	Where is your luggage?	houèr iz your leug'gédj?
Je les ai déjà envoyés au port.	I have sent it on to the wharf.	ai hav sent it on tou thi ouorf.
Vous avez très-bien fait.	You did very right.	you did ver'i rait.
Avez-vous été à bord pour arrêter votre case?	Have you been on board to secure your berth?	hav you bin on bòrd tou sikiour your beurth? [oueun.
J'en ai une excellente.	I have an excellent one.	ai hav an ex'cellent
C'est bien. Maintenant vous pouvez faire la traversée en dormant.	That's right. Now you can sleep across the channel.	thats rait. naou you can slip across thi tchan'nel.
J'aime toujours à passer la nuit sur mer, car j'y gagne une journée.	I always like to spend the night on the water, for I gain a day by it.	ai alouez laik tou spend thi nait on thi ouàteur for ai gén é de bait.
Combien vous faut-il de temps en général pour faire la traversée?	How long are you generally crossing the channel?	haou long ar you djen'-eurall crosś'ing thi tchan'nel.

Nous mettons ordinairement de douze à quatorze heures pour aller du pont de Londres à Boulogne.	We are generally about twelve or fourteen hours going from London Bridge to Boulogne.	oui ar djen'euralli ab-aout touelv or fôrtin aourz gôing from Leun'deun bridj tou Boulogne.
Ne perdez pas de temps; le bateau partira dans une demi-heure	Lose no time; the vessel will leave in half an hour.	louz no taïm; thi ves'sel ouil liv in haf an aour.

DIALOGUE XLI.

MÊME SUJET.

DIALOGUE XLI.

THE SAME.

DAÏFULOG XLI.

THI SÉM.

On va partir.	They are going to start.	thé ar gôing tou start.
J'entends la cloche.	I hear the bell.	aï hîr thi bel.
Marchons plus vite.	Let us walk faster.	let eus ouâk fas'teur.
Le bateau pourrait partir sans nous.	The vessel might start without us.	thi ves'sel maït start ouithaout' eus.
Nous voici embarqués.	Here we are on board.	hîr oui ar on bôrd.
Messieurs, sortez du bateau, s'il vous plaît, nous partons à l'instant.	Go on shore, if you please, gentlemen, we leave this instant.	gô on chôr, if you pliz, djen't'lmen, oui liv this in'stant.
Allons, il faut nous séparer.	Come, we must part.	keum, oui meust part.
Je vous souhaite un bon voyage.	I wish you a pleasant voyage.	aï ouiche you é pléz'ant voïedj.
Je vous remercie.	I thank you.	aï thangk you.
Ecrivez-moi promptement.	Write to me without delay.	raït tou mi ouithaout' dile.
Certainement.	Certainly.	seur'tinli.
Descendons à la chambre.	Let us go down into the cabin.	let eus gô daoun into thi cab'in.
Où est ma case?	Where is my berth?	houèr iz maï beurth?

La voici, Monsieur; votre nom y est écrit.	Here it is, Sir; your name is written upon it.	hîr it iz, seur; your ném iz rit't'n eupon it.
Veuillez mettre mon sac de nuit dans ma case.	Have the goodness to put my carpet bag in my berth.	hav thi goudness tou pout maï car'pet bag in maï beur*th*.
Nous voilà partis.	We are off.	ouï ar of.
Entendez-vous le bruit de la machine?	Do you hear the noise of the engine?	dou you hîr thi noïz ov thi en'djin?
Elle fait trembler tout le bateau.	It shakes the whole vessel.	it chéks thi hôl ves'sel.
Allons sur le pont.	Let us go on deck.	let eus gô on deck.
Quel est cet homme debout sur le tambour?	Who is that man standing on the paddle box?	hou iz that man stan'ding on thi pad'd'l box.
C'est le capitaine; il y monte pour donner ses ordres.	It is the captain; he goes up there to give his commands.	it iz thi cap'tin; hi gôz eup ther tou giv hiz com'mandz.

DIALOGUE XLII.
DIALOGUE XLII.
DAÏEULOG XLII.

PENDANT LA TRAVERSÉE.
DURING THE PASSAGE.
DIOUR'ING THI PAS'SÉDJ.

La marée est forte.	The tide is strong.	thi taïd iz strong.
Nous allons rapidement.	We are going rapidly.	ouï ar gôing rap'idli.
Nous n'irons pas si vite quand nous serons en pleine mer.	We shall not go so fast when we are in the open sea.	ouï chal not gô so fast houen ouï ar in thi ôp'n sî.
L'eau est calme ici.	We are in smooth water here.	ouï ar in smouth ouâteur hîr.
Nous voici à l'embouchure de la Tamise.	We are now in the mouth of the Thames.	ouï ar naou in thi maou*th* ov thi temz.
La mer est grosse.	The sea is rough.	thi sî iz reuf.

Allez-vous hisser la voile?	Are you going to hoist sail?	ar you gôing tou hoïst sél?
Non; le vent nous est contraire.	No; the wind is against us.	no; thi ouind iz agenst eus.
Tant pis; la traversée sera longue.	So much the worse; we shall have a long passage.	so meutch thi oueurce; oui chal hav é long pas'sédj.
Je vais à la chambre; je ne me sens pas tout à fait à mon aise.	I am going into the cabin; I don't feel quite at my ease.	aï am gôing intou thi cab'in; aï dônt fîl couaïl at maï îz.
Qu'avez-vous?	What is the matter with you?	houot iz thi mat'teur ouith you?
J'aurai le mal de mer si je reste plus longtemps sur le pont.	I shall be sea-sick if I remain longer on deck.	aï chal bi sî-sic if aï rimen long'geur on deck.
Quant à moi je ne suis pas sujet au mal de mer.	For my part I am not liable to sea-sickness.	for maï part aï am not laïab'l tou sî-sicness.
Je voudrais pouvoir en dire autant.	I wish I could say the same	aï ouiche aï coud sé thi sém.
Comment avez-vous passé la nuit?	How have you passed the night?	haou hav you past thi naït?
Assez mal; la machine ne m'a pas laissé dormir.	Badly enough; the engine would not let me sleep.	bad'li ineuf'; thi en'djin ououd not let mi slip.
Il fait jour.	It is day-light.	it iz dé-laït.
Où sommes-nous?	Where are we?	houèr ar oui?
Nous allons bientôt apercevoir la côte.	We shall soon be in sight of land.	oui chal soun bi in saït ov land.
La mer est plus calme.	The sea is calmer.	thi sî iz ca'meur.
Le vent est moins fort qu'il ne l'était.	The wind is not so high as it was.	thi ouind iz not so haï az it ouoz.
Nous allons très-vite.	We are going very fast.	oui ar gôing ver'i fast.
Combien filons-nous de nœuds à l'heure?	How many knots are we running an hour?	haou men'i nots ar oui reun'ning an aour?
Demandons-le au timonnier.	Let us ask the helmsman.	let eus ask thi helmz'-man.

Nous filons dix nœuds à l'heure.	We are making ten knots an hour.	oui ar méking ten nots an aour.
Je crois que j'aperçois la côte.	I think I can see the coast.	aï *th*ingk aï can si thi côst.
Nous serons bientôt arrivés.	We shall soon arrive, we shall soon be in.	oui chal soun arraïv, oui chal soun bi in.
Nous y voilà.	Here we are.	hîr oui ar.

DIALOGUE XLIII.	DIALOGUE XLIII.	DAÏEULOG XLIII.
LE DÉBARQUEMENT.	LANDING.	LAND'ING.
Dieu merci, nous voici arrivés sains et saufs.	Thank God, we are arrived safe and sound.	*th*angk god, oui ar arraïvd sef and saound.
Quelle heure est-il?	What is it o'clock?	houot iz it o'cloc?
Il est huit heures.	It is eight o'clock.	it iz eït o'cloc.
Nous avons mis seize heures à faire la traversée.	We have had a sixteen hours' passage.	oui hav had é sixtîn aourz pas'sédj.
Nous ne pouvons pas entrer au port.	We cannot get into harbour.	oui cannot *g*et intou harbour.
La marée est basse.	The tide is low.	thi taïd iz lo.
Messieurs, vous serez obligés de débarquer en chaloupe.	Gentlemen, you will be obliged to land in a boat.	djen't'lmen, you ouil bi oblaïdjd tou land in é bôt.
Le bateau ne pourra entrer au port que dans deux heures.	The packet can't get into harbour yet these two hours.	thi pac'ket cant *g*et intou harbour yet thîz tou aourz.
Voici les douaniers.	Here are the custom-house officers.	hîr ar thi keus'teum haouce of'ficeurz.
Messieurs, veuillez me remettre vos passeports.	Gentlemen, please to deliver me your passports.	djen't'lmen, plîz tou di-lîv'eur mi your pass'-ports.
Venez à la douane.	Come to the customhouse.	keum tou thi keus'teum haouce.
Vos effets seront visités dans trois heures.	Your luggage will be examined in three hours' time.	your leug'*g*édj ouil bi egzam'ind in *th*rî aourz taïm.

Ce délai est fort désagréable.	This delay is very disagreeable.	this dilé iz ver'i disagrîab'l.
Ne me rendrez-vous pas mon passeport ?	Won't you give me back my passport?	ouônt you giv mi bac maï pass'port ?
On vous le rendra à Paris, à la préfecture de police.	It will be returned to you in Paris, at the prefecture of police.	it ouill bi riteurnd tou you in Par'iss, at thi pref'ectioure ov police.
On vous délivrera ici une passe provisoire qui doit être visée par le consul d'Angleterre.	They will deliver you here a provisional passport which must be backed by the English consul.	the ouil dilïv'eur you hîr e provij'eunal pass'-port houitch meust bi bact baï thi ing'gliche con'seul.
Tout cela est fort désagréable et fait perdre beaucoup de temps.	All that is very disagreeable and occasions great loss of time.	âl that iz ver'i disagrîab'l and ockejeunz gret loss ov taïm.
Il est temps d'aller chercher nos effets à la douane.	It is time to go to the custom-house for our things.	it iz taïm tou gô tou thi keus'teum-haouce for aour *thingz*.
Voulez-vous visiter cette malle tout de suite, s'il vous plaît ?	Will you examine this trunk directly if you please?	ouil you egzam'in this treungk direct'li if you plîz ?
Prenez bien garde de rien abîmer.	Take great care not to spoil anything.	têk kèr not tou spoil en'i *thing*.
Maintenant, dites-moi, connaissez-vous un bon hôtel ?	Now, tell me, do you know of a good inn?	naou, tel mi, dou you nô ov é goud in ?
Pouvez-vous m'indiquer un bon hôtel ?	Can you direct me to a good inn?	can you direct' mi tou é goud in ?
Dites-moi, je vous prie, quel est le meilleur hôtel ?	Tell me, if you please, which is the best inn.	tel mi, if you plîz houitch iz thi best in.
Il y en a plusieurs excellents.	There are several very good ones.	ther ar sev'eural ver'i goud oueunz.
Faites-moi le plaisir de m'indiquer le meilleur.	Do me the favour to direct me to the best.	dou mi thi féveur tou direct' mi tou thi best.

Vous pouvez aller à l'hôtel d'Angleterre en toute sûreté.	You may go to the hotel d'Angleterre with safety.	you mé gô tou thi hôtel d'Angleterre ouith séfti.
Vous y serez très-bien.	You will find good accommodation there.	you ouil faind goud accommodécheunz ther.
Dans quelle rue est-ce? De quel côté est-ce?	In what street is it? Which way is it?	in houot strit iz it? outch oué iz it?
Si vous le désirez, je vais vous y conduire.	I will take you there, if you like.	aï ouil ték you ther, if you laïk.

DIALOGUE XLIV.
A UN HOTEL.

DIALOGUE XLIV.
IN AN INN.

DAÏEULOG XLIV.
IN AN IN.

Messieurs, voici un hôtel qui a assez bonne apparence.	Gentlemen, here is an inn of a pretty good appearance.	djen't'lemen, hir iz an in ov é prett'tï goud appirance.
Descendrons-nous ici?	Shall we alight here?	chal oui alait hir?
Entrons : nous ne pouvons risquer que de passer une mauvaise nuit.	Let us go in. We olny run the risk of passing a bad night.	let eus gô in. oui ônli reun thi risk ov pass'-ing é bad naït.
Peut-on souper chez vous?	Can we sup at your house?	can oui seup at your haouce?
Avez-vous des chambres de libres?	Have you any spare rooms?	hav you en'ï spèr roumz?
Pouvons-nous coucher ici?	Can we sleep here?	can oui slip hir?
Pouvez-vous nous donner à coucher pour cette nuit?	Can you accommodate us with beds to-night?	can you accom'modét eus ouith bedz tou-naït?
Pouvez-vous nous loger pour cette nuit?	Can you accommodate us for this night?	can you accom'modét eus for this naït?
Oui, Messieurs; vous trouverez ici de belles chambres et de bons lits.	Yes, Gentlemen, you will find fine rooms and good beds here.	yes, djen't'lmen, you ouil faind faïn roumz and goud bedz hir.

Je ne me soucie pas de la chambre, pourvu que le lit soit bon.	I don't care for the room, provided the bed is good.	ai dônt ker for thi roum, prôvaïded thi bed iz goud.
Vous ne pouvez trouver nulle part de meilleurs lits.	You cannot find better beds any where.	you can'not faind bet'teur bedz en'i houèr.
Surtout, faites-nous bon feu, car nous sommes transis de froid.	Above all, make a good fire, for we are benumbed with cold.	abeuv ål, mék é goud fair, for oui ar bineumd ouith côld.
Garçon, conduisez ces messieurs dans le grand salon, et faites-y du feu tout de suite.	Waiter, show the gentlemen into the large parlour, and make a fire there immediately.	ouéteur, chô thi djen'-t'lmen intou thi lardj par'leur, and mék é fair ther immîdietli.

DIALOGUE XLV.

AVEC UN GARÇON D'ÉCURIE.

DIALOGUE XLV.

WITH AN HOSTLER.

DAÏEULOG XLV.

OUITH AN OS'LEUR.

Messieurs, nous ferons bien d'aller voir si nos chevaux ne manquent de rien.	Gentlemen, we shall do well to go and see if our horses have all they want.	djen't'lmen, oui chal dou ouel tou gô and si if aour horsiz hav ål thé ouont.
C'est fort bien pensé.	It is a very good thought.	it iz é ver'i goud thåt.
Où est le garçon d'écurie?	Where is the hostler.	houèr iz thi os'leur.
Me voici, Messieurs.	Here I am, Gentlemen.	hir ai am, djen't'lmen.
Où sont nos chevaux?	Where are our horses?	houèr ar aour horsiz?
Ils sont à l'écurie.	They are in the stable.	thé ar in thi stébl.
Ont-ils mangé l'avoine?	Have they eaten their oats?	hav thé it'n thèr ôts?
Vous n'avez pas eu soin de les bouchonner comme il faut.	You have not taken care to rub them down as you should.	you hav not ték'n kèr tou reub then daoun az you choud.
Vous ne leur avez pas lavé les pieds.	You have not washed their feet.	you hav not ouocht ther fît.

Ils sont encore tout crottés.	They are still all over dirt.	thé ar stil àl òveur deurt.
Lavez-les sur-le-champ, et essuyez-les proprement avec de la paille.	Wash them directly, and wipe them clean with straw.	ouoche them direct'li, and ouaip them clin ouith stiâ.
Les avez-vous menés à l'abreuvoir?	Have you taken them to water?	hav you ték'n them tou ouâteur?
Les avez-vous fait boire?	Have you given them drink?	hav you giv'n them dringk.
Donnez-leur une botte de foin, et de la paille fraîche.	Give them a bundle of hay, and some fresh straw.	giv them é beun'd'l ov hé, and seum freche strâ.
Demain matin vous leur donnerez encore une mesure d'avoine.	To-morrow morning you'll give them another feed of oats.	tou mor'ro mor'ning you'l giv them aneuth'eur fīd ov ôts
Voyez si tous les fers sont bons.	See whether their shoes are all good.	si houeth'eur ther chouz ar àl goud.
Voyez s'il ne manque rien aux fers.	See whether there is any thing to be done to their shoes.	si houeth'eur ther iz en'i thing tou bi deun tou ther chouz.
En voici un qui pourra bien manquer sur la route.	Here is one which is very likely to fail on the road.	hîr iz oueun houitch iz ver'i laikli tou fel on thi rôd.
Menez mon cheval chez le maréchal, et faites-le referrer sur-le-champ.	Take my horse to the farrier, and have another shoe put on immediately.	ték mai horce tou thi far'rieur, and hav aneuth'eur chou pout on immidietli.

DIALOGUE XLVI.	DIALOGUE XLVI.	DAÏEULOG XLVI.
AVEC LE MAITRE D'UN HOTEL.	WITH AN INNKEEPER.	OUITH AN INKÎPEUR.
Messieurs, que désirez-vous pour votre souper?	Gentlemen, what do you wish to have for your supper?	djen't'lmen, houot dou you ouiche tou hav for your seup'peur?
Messieurs, ne désirez-vous pas souper?	Gentlemen, don't you wish to have some supper?	djen't'lmen, dônt you ouiche tou hav seum seup'peur?

Qu'avez-vous à nous donner ?	What have you to give us?	houot hav you tou giv eus?
Avez-vous quelque chose à nous donner ?	Have you any thing to give us?	hav you en'i *th*ing tou giv eus ?
J'ai un gigot de mouton, un pâté de canards, et de la volaille froide.	I have a leg of mutton, a duck pie, and some cold fowl.	aï hav é leg ov meut't'n, é deuck paï, and seum côld faoul.
Ou, si vous l'aimez mieux, je vais faire mettre des pigeons à la broche.	Or, if you prefer it, I will order some pigeons to be roasted.	or, if you prifeur' it, aï ouil or'deur seum pidj'inz tou bi rôsted.
Voyez, Messieurs, ce que vous désirez.	See, Gentlemen, what you please to order.	si, djen't'lmen, houot you pliz tou ordeur.
Choisissez ce que vous aimez le mieux.	Choose what you like best.	tchouz houot you laïk best.
Mon choix sera celui de la compagnie.	My choice will be that of the company.	maï tchoice ouil bi that ov thi keum'pani.
Je n'ai point d'autre goût que celui de la compagnie.	I have no other taste than that of the company.	aï hav no euth'eur tést than that ov thi keum'pani.
Hé bien, apportez-nous une bonne volaille froide et le pâté de canards.	Well, then, bring in a good cold fowl, and the duck pie.	ouel, then, bring in é goud côld faoul, and thi deuck paï.
Surtout, donnez-nous de votre meilleur vin.	Above all, let us have some of your best wine.	abeuv âl, let eus hav seum ov your best ouaïn.
Ne voulez-vous rien autre chose ?	Do you want any thing else?	dou you ouont en'i *th*ing elce ?
Non. Seulement faites-nous souper promptement, car nous avons besoin de nous reposer.	No. Only let us have our supper quickly, for we want to rest ourselves.	no. ônli let eus hav aourseup'peur couik'li for oui ouont tou rest aourselvz.
Vous allez être servis dans la minute.	You shall be served in a minute.	you chal bi seurvd in é min'it.
Nos valises sont-elles dans nos chambres?	Are our portmanteaus in our rooms?	ar aour portman'tôze in aour roumz ?

Oui, Messieurs. Je les y ai fait porter devant moi. | Yes, Gentlemen. I had them carried up before me. | yes. djen't'lmen. ai had them car'rid eup bffôr mi.

DIALOGUE XLVII.
MÊME SUJET.

DIALOGUE XLVII.
THE SAME.

DAÏEULOG XLVII.
THI SÉM.

Nos chambres sont-elles prêtes ? | Are our rooms ready? | ar aour roumz red'i.

Les lits sont-ils faits ? | Are the beds made? | ar thi bedz méd ?

Êtes-vous sûr que les draps soient bien secs ? | Are you sure the sheets are well aired? | ar you chour thi chîts ar ouel aird.

Je vais me coucher, et tâcher de dormir. | I am going to bed, and will endeavour to sleep. | ai am gôing tou bed, and ouil endev'eur tou slip.

Je vous conseille d'en faire autant. | I advise you to do the same. | ai advaiz you tou dou thi sém.

Garçon, souvenez-vous que nous voulons partir à six heures précises. | Waiter, remember that we want to set out exactly at six o'clock. | ouéteur, rimem'beur that oui ouont tou set aout egzact'li at sics o'cloc.

J'aurai soin de venir vous éveiller. | I shall take care to come and awake you. | ai chal ték kèr tou keum and a-ouék you.

Où est votre maître ? nous voulons régler avec lui. | Where is your master? We wish to settle with him? | nouèr iz your mas'teur? oui ouiche tou set't'l ouith him.

Le voici qui vient. | He is just coming. | hi iz djeust keum'ing.

Combien vous devons-nous ? | How much do we owe you? | haou meutch dou oui ô you?

Avez-vous fait notre compte ? | Have you made out our bill? | hav you méd aout aour bil ?

A combien s'élève notre compte ? | How much does our bill come to? | haou meutch deuz aour bil keum tou ?

De combien vous sommes-nous redevables?	How much are we indebted to you?	haou meutch ar oui indet'ted tou you?
C'est *** pour votre souper et votre coucher, et *** pour vos chevaux.	It is *** for your supper and beds, and *** for your horses.	it iz *** for your seup'peur and bedz, and *** for your horciz.
C'est beaucoup, mais il faut en passer par là.	It is a great deal, but we must submit to it.	it iz é grét dîl, beut oui meust seubmit' tou it.
Que voulez-vous? Il faut toujours s'attendre à être étrillé dans les hôtels.	How can you help it? People must always expect to be fleeced at inns.	haou can you help it? pip'l meust alouez expect tou bi flîst at inz.

DIALOGUE XLVIII.

EN VOYAGE.

Allez-vous à Paris?	Are you going to Paris?	ar you gôing tou Par'iss?
Allez-vous jusqu'à Paris?	Do you go all the way to Paris?	dou you gô al thi oué tou Par'iss?
Oui, Monsieur.	I do, Sir.	aï dou, seur.
J'aurai donc le plaisir de votre société, car j'y vais aussi.	Then I shall have the pleasure of your company, for I am going there myself.	then aï chal hav thi plej'eur ov your keum'pani, for aï am gôing ther maiself.
J'en suis charmé.	I am very glad of it.	aï am ver'i glad ov it.
La société fait trouver la route moins longue.	Company makes a journey seem shorter.	keum'pani méks é djeur'ni sim chor'teur.
Il est bien désagréable de voyager tout seul.	It is very disagreeable to travel by one's self.	it iz ver'i disagrîab'l tou trav'v'l baï oueunz self.
Mais quand on est en compagnie, on parle, on cause, et le temps se passe sans qu'on s'en aperçoive.	But in company we talk, we cha... and time passes unperceived.	but in keum'pani oui tâk, oui tchat and taïm pass'iz eunpeursîvd.

Combien compte-t-on d'ici à Paris?	How far do they reckon it from here to Paris?	haou far dou thé rec'k'n it from hîr tou Par'iss?
On compte soixante et dix lieues, mais elles sont courtes.	They call it seventy leagues, but they are short.	thé câl it sev'nti lîgz, beut thé ar chôrt.
J'ai entendu dire qu'il y a trente-sept postes.	I have heard that there are thirty-seven posts.	aï hav heurd that ther ar theur'ti-sev'n pôsts.
Cela est vrai. Mais le nombre des postes ne se rapporte jamais avec celui des lieues.	It is true. But the number of posts never agrees with that of leagues.	it iz trou. beut thi neumbeur ov pôsts nev'eur agrîz ouith that ov lîgz.
Les maîtres de poste savent toujours les compter à leur avantage.	The post-masters always contrive to reckon them to their advantage.	thi pôst-mas'teurz âlouez contraïv tou rec'-k'n them to ther advantidj.

DIALOGUE XLIX.
MÊME SUJET.

DIALOGUE XLIX.
THE SAME.

DAÏEULOG XLIX.
THI SÉM.

Quand pensez-vous que nous arriverons à Paris?	When do you think we shall reach Paris?	houen dou you thingk oui chal rîtch Par'iss?
J'espère que nous arriverons demain.	I hope we shall arrive to-morrow.	aï hôp oui chal arraïv tou-mor'ro.
Mais il pourra être un peu tard, car les chemins sont bien mauvais.	But it may be rather late, for the roads are very bad.	beut it may bi rath'eur lét, for thi rôdz ar ver'i bad.
Les chemins ne sont pas très-bons.	The roads are indifferent.	thi rôdz ar indif'feurent.
Les chemins sont tirants.	The roads are heavy.	thi rôdz ar hev'i.
La pluie a miné toutes les routes.	The rain has spoiled all the roads.	thi réne haz spoild âl thi rôdz.
Avez-vous déjà fait cette route?	Did you ever travel this way befor?	did you ev'eur trav'v'l this oué bifôr?
Plusieurs fois.	Several times.	sev'eural taimz.

Je connais parfaitement cette route.	I know the road perfectly well.	aï nô thi rôd peur'fectli ouel.
Où est le premier relai?	Where is the first stage?	houèr iz thi feurst stédj?
Où change-t-on de chevaux?	Where do they change horses?	houèr dou thé tchéndj horciz?
Ne passons-nous pas par ***?	Shall we not pass through ***?	chal oui not pass throu *** ?
Non, Monsieur. On le laisse à gauche.	No, Sir. We leave it on the left.	no, seur. oui lîv it on thi left.
Mais nous passerons par ***, où l'on s'arrête pour changer de chevaux.	But we shall pass through **, where they stop to change horses.	beut oui chal pass throu **, houèr thé stop tou tchéndj horciz.

DIALOGUE L.

MÊME SUJET.

DIALOGUE L.

THE SAME.

DAÏEULOG L.

THI SEM.

Où coucherons-nous? A quel endroit coucherons-nous?	What place shall we sleep at? Where shall we sleep?	houot pléce chal oui slîp at? houèr chal oui slîp ?
Nous allons coucher à ***, d'où nous n'aurons plus que seize postes pour arriver à Paris.	We shall sleep at ***, from which place there are only sixteen posts to Paris.	oui chal slîp at ***, from houitch pléce ther ar ônli sixtîn pôsts tou Par'iss.
Nous serons donc déjà plus d'à moitié chemin.	Then we shall be more than half way.	then oui chal bi môr than haf oué.
Oui, mais aussi il y a beaucoup de côtes, et les chemins sont généralement très-mauvais.	Yes; but then there are many hills, and the roads are generally very bad.	yes; beut then ther ar men'i hilz, and thi rôdz ar djen'euralli ver't bad.
Pourquoi donc préfère-t-on cette route-ci à l'autre?	Why then do they prefer this road to the other?	houaï dou thé prifeur' this rôd tou thi euth'eur?

C'est qu'on y gagne deux postes.	It is because they save two posts.	it iz bicâz thé séy tou pôsts.
Cela n'est pas à dédaigner; car le voyage coûte fort cher.	That is not to be slighted; for travelling is very expensive.	that iz not tou bi slaïted; for trav'v'ling iz veri expen'siv.
Il faut toujours avoir l'argent à la main; encore est-on très-mal dans les auberges.	One must always have one's purse in one's hand; and even then one is very badly acommodated at inns.	oueun meust âlouéz hav oueunz peurce in oueunz hand; and iv'n then oueun iz ver'i bad'li accom'odéted at inz.
Pour moi, je suis charmé de jouir de votre société.	For my own part, I am very glad of enjoying your company.	for maï ôn part, aï am ver'i glad ov endjoï'ing your keum'pani.
Mais je vous avoue que je voudrais déjà être arrivé.	But I confess I wish I was arrived already.	beut aï confess' aï ouiche aï ouoz arraïvd âlredi.
Je vous crois sans peine.	I readily believe you.	aï red'ili biliv you.
Mais prenons patience.	But let us have patience.	beut let eus hav pécheunce.
Encore quelques heures, et nous serons au terme de notre voyage.	A few hours more, and we shall be at our journey's end.	é fiou haourz môr, and oui chal bi at aour djeur'niz end.

www.ingramcontent.com/pod-product-compliance
Lightning Source LLC
Chambersburg PA
CBHW071949110426
42744CB00030B/662